Basel vor 100 Jahren

Collections et établissements publics.

Collection de tableaux etc. au musée: ouverte au public le dimanche de $10^1/_2$ à $12^1/_2$ heures, et le mercredi de 2 à 4 h.; de plus chaque jour moyennant une gratification. Catalogue à 50 cent. en allemand et en français.

Collection de gravures dans la salle des dessins et croquis du musée: ouverte au public de 2 à 5 h. le jeudi et le samedi.

Exposition de tableaux à l'Athénée au Steinenberg: ouverte chaque jour moyennant gratification de 10 à 5 heures. Entrée libre pour les membres de la société des beaux arts.

Collection ethnographique et collection d'antiquités au musée: ouverte au public le dimanche de $10^1/_2$ à $12^1/_2$ h., et chaque jour moyennant une gratification.

Collection d'objets du moyen-âge à la cathédrale, ouverte au public le dimanche de $10^1/_2$ à $12^1/_4$ h., et chaque jour moyennant une gratification. Catalogue à 40 cent.

Collection de minéraux et d'animaux au musée: comme à la Collection de tableaux.

Jardin botanique, rue de St. Jaques: ouvert chaque jour de 7 à 12 h. et de 1 à 7 heures.

Musée anatomique à l'université: ouvert au public le dimanche de $10^1/_2$ à 12 h., et chaque jour en faisant une demande.

Collection ethnographique de l'institut des missions: ouverte chaque jour ouvrier en s'adressant au portier.

Bibliothèque publique au musée: ouverte gratuitement chaque jour ouvrier de 2 à 4 heures.

Cercle littéraire, sur la place de la cathédrale: les salles de lecture sont ouvertes chaque jour pour les membres et abonnés de 10 h. du matin à $9^1/_2$ h. du soir. Les étrangers présentés par un membre ont entrée libre pour 4 semaines. La bibliothèque est ouverte chaque jour, sauf le dimanche, de 1 à 4 h. pour les membres et abonnés, le jeudi est réservé aux dames.

Bibliothèque populaire, sur la place de la cathédrale: ouverte pour les messieurs le mercredi de 11 à 12 h., pour les dames le mercredi de 1 à 2 h. et le samedi de 11 à 12 h. Catalogue à 50 cent.

Bibliothèque pour la jeunesse sur la place de la cathédrale: ouverte pour les jeunes filles le lundi de 11 à 12 h.; pour les élèves du gymnase humaniste le lundi de 1 à 2 h.; pour les autres élèves le mardi de 1 à 2 h. Catalogue à 50 cent.

Bibliothèque pour ouvriers, n° 33 Rue franche: ouverte gratuitement le dimanche de $10^1/_2$ à 12 h. pour les ouvriers et de 1 à $2^1/_4$ h. pour les ouvrières. Catalogue à 30 cent.

Salles pour ouvriers au Klingenthal, ouvertes le dimanche matin de 10 à 12 heures.

Cathédrale: ouverte au public le mercredi de 2 à 4 h., de plus chaque jour moyennant gratification, s'annoncer à la maison n° 13 sur la place.

Galerie extérieure ou cloître de la cathédrale, ouvert au public de 7 h. du matin à 8 h. du soir.

Eglise Ste. Elisabeth: ouverte chaque jour moyennant gratification. S'annoncer n° 16 vis-à-vis. Belle vue du clocher.

Caisse d'épargne, n° 25 Rue franche, ouverte chaque jour, sauf le samedi, de 9 à 12 heures.

Restaurants publics à prix réduits, Weissengasse au grand Bâle et Klingenthal au petit Bâle, ouverts chaque jour, le matin de $6^1/_2$ à 8 h. et l'après-midi de $11^3/_4$ à 1 h. et de $7^1/_4$ à $8^1/_4$ heures.

BASEL
vor 100 Jahren

Text von Markus Fürstenberger
Holzstiche von J. Hildebrandt

Pharos-Verlag Hansrudolf Schwabe AG
Basel 1974

© Pharos-Verlag Hansrudolf Schwabe AG
Basel 1974
Druck: Bopp und Schwabe AG, Basel
Clichés: Schwitter AG, Basel
Einband: Buchbinderei Flügel, Basel
Stadtplan 1974: Vermessungsamt Basel-Stadt
Printed in Switzerland
Alle Rechte vorbehalten
ISBN 3 7230 0181 5

INHALT

Basel 1874 7
Basels Geschichte kurzgefasst 13
Münster 17
Oekolampad 19
St. Elisabethen 23
St. Peter 25
Französische Kirche 28
Missionshaus 31
Synagoge 35
Spalentor 37
St. Albantor 40
Rathaus 42
Stadthaus 45
Universität, Martinskirche 48
Observatorium 51
Museum 54
Kunsthalle 57
Spital 60
Kinderspital 63
Rheinbrücke, Hotel Drei Könige 66
Café National — Café Spitz 69
Kaserne 72
Fischmarktbrunnen 75
Post 78
Barfüsserkirche und Zollstätte, Kaufhaus 81
Gerichtsgebäude 84
Handelsbank 87
Versicherungsgesellschaft 91
Springbrunnen 93
St. Jakobsdenkmal 96

Schweizer Bahnhof 99
Hotel Schweizerhof 102
Hotel Euler 105
Badischer Bahnhof 108
Der Stadtplan von 1874 112

BASEL 1874

In der Mitte des letzten Jahrhunderts erhielt Basel wie andere europäische Städte ein ganz neues Gesicht. Die Entwicklung des Verkehrs und der Industrie sprengten in verschiedener Hinsicht manch überlieferte Fesseln. Aufgebrochen wurde auch der enge Rahmen der Stadtmauern. Im Jahre 1859 beschloss der Grosse Rat, die mittelalterlichen Mauern niederzulegen und ausserhalb des alten Stadtgebietes neue Strassen und Plätze anzulegen. Damals hiess es darüber im Stadtführer: «Rühmende Erwähnung verdient im neuen Basel das Bestreben, grüne Plätze zu erhalten und anzulegen, welches für die sanitären Verhältnisse nicht nur von wesentlicher Bedeutung ist, sondern auch Zeugnis vom Schönheitssinn ablegt, der in dieser Stadt waltet; eine wohltuende Erscheinung gegenüber gewissen Städten, wo jedes Flecklein grünen Raumes, und jeder Baum der unbegrenzten Baulust weichen müssen.» Überall begann wirklich ein eifriges Bauen, vor allem ausserhalb der Vorstädte entlang der Landstrassen und auf den weiten Ebenen zwischen dem überlieferten, jahrhundertealten Basel und der näheren Umgebung. Das Stadtbild nach der Mitte des 20. Jahrhunderts erhielt vor 100 Jahren seine wichtigste Grundlage. Man sprach 1874 davon, die Stadt sei im explosiven Umbruch. Wie bekannt das tönt! Über die Physiognomie der Stadt war damals zu lesen:
«Basel ist ein Janus-Kopf, die alte und die neue Zeit in markierten Zügen zeigend, je nachdem man von der einen oder andern Seite die Stadt betritt. Wer mit der Badischen Bahn in Klein-Basel ankam und über die breite Rheinbrücke der Grossstadt sich nähert, der erblickt letztere in ihrer alterthümlichen, wehrfesten Lage. Ein an den Rhein vorgeschobener Hügel, dessen höchste Stelle das ehrwürdige Münster-Gebäude krönt, ist von den Stromeswellen aufgemauert. Von hier aus construiert man sich leicht die

zu Schutz und Trutz gewaffnete, auf ihre, Jahrhunderte lang bewahrte Freiheit, stolze Stadt, — wenn gleich der nordwestlich der Brücke gelegene Theil der Grossstadt durch sein stolzes Gasthaus zu den drei Königen und andere civile Neubauten höchst friedlich-modern aussieht.
Wie ganz anders gestaltet es sich für den, der die Stadt von der Schweiz oder vom Elsass aus beim Central-Bahnhofe betritt! Aristocratisch geradlinige Strassen, welche die Zwangsjacke der alten Befestigungs-Mauern mit ihren Schiess-Scharten und Thurm-Interpunktionen abgestreift und die Wallgräben ausgefüllt haben, kennzeichnen das bequem sich ausdehnende, im friedlichen Betriebe seiner reichen Industrie-Quellen aufblühende freundlich den Forderungen der Jetztzeit Rechnung tragende neue Basel.»
Beim Betrachten der zahlreichen öffentlichen Hauptgebäude der Stadt im Jahre 1874 fällt einem auf, dass sehr viele von ihnen in den Jahren 1860 bis 1874 erstellt worden waren. Zahlreiche bestimmen noch heute den Charakter verschiedener Plätze und Strassenzüge der Stadt. 1874 bedeutet daher eine auffallende Zäsur. Interessant ist es, das Basel jener Jahre etwas näher anzusehen.

Einige Zahlen aus dem Jahre 1870:
        12 Quartiere mit 3576 Häusern
  8 894 Haushaltungen
44 834 ortsansässige Bewohner
        20 050 männlichen Geschlechts
        24 784 weiblichen Geschlechts
12 259 Basler Bürger
13 624 Ausländer

Altstadt

Auffallend ist der kleine, unten geschlossene Kornmarkt, der Marktplatz, der erst gegen Ende des Jahrhunderts in seiner Grösse verändert wurde. Zwischen Markt und Rhein zeigt sich eine Fülle von kleinen Gassen. Im ganzen darf festgehalten werden, dass die Altstadt Basels vor 100 Jahren in vielem gleich aussah wie heute. Gewiss wurden viele Eingriffe vorgenommen und manches verändert. Wer aber heute durch die Augustinergasse und über den Rheinsprung zur Brücke hinuntergeht, die heimelige Enge des Imbergässleins geniesst, am Heuberg sich an den alten Hausfassaden erfreut oder an der Petersgasse einen der prächtigen Innenhöfe aufsucht, glaubt sich doch in eine ältere, vergessene und versunkene Zeit zurückversetzt. Der Geruch war damals wohl ein anderer, ebenso die abendliche Beleuchtung oder der Strassenbelag, die Grundsubstanz aber ist glücklicherweise geblieben.

Vorstoss Richtung Bruderholz und Neubad

Durch den Bau des Centralbahnhofes entstand beim Elisabethen-Bollwerk ein Verkehrszentrum mit Hotels. Hinter der früheren Befestigung erstreckte sich ein Gottesacker. Noch stand keine Markthalle; den Weg zur Steinentorstrasse umsäumten nur wenige Bauten. Hinter dem Bahnhof, bestehend aus Aufnahmegebäude und 2 Hallen, breitete sich noch unüberbaut das Areal von Gundeldingen aus. Einzig die vier Gundeldinger Schlösser am Fusse des Bruderholzes fielen auf.
Die Elsässerbahn überquerte nach der Durchfahrt des Steinen-Ringweges den Viadukt, unter dem ein Turnplatz lag und von

dem aus ein Blick in den im gleichen Jahr 1874 errichteten Zolli geworfen werden konnte. An der Neubadstrasse, in den weiten Holee-Letten lag das Spitalgut. Dort floss auch der offene Rümelinbach, der erst am Kohlenberg verschwand. Dichte Besiedlung wies bereits das Gebiet der Leimenstrasse und der Austrasse auf, dort erstreckte sich ebenes Gelände.

Landstrasse nach St. Jakob

Mitten auf dem Aeschenplatz rauschte der Springbrunnen. An der St. Jakobsstrasse befand sich der Botanische Garten; daran erinnert noch heute die «Gartenstrasse». Rings um den Luftmatt-Hof lagen vereinzelte Häuser in grossen Gärten, von einem städtischen Gepräge war keine Spur zu finden. Ausserhalb der Engelgasse fuhr die Bahn nach Olten vorbei. Der Verlauf der Engelgasse entspricht der Fortsetzung des Bahntrassees, das sich während einiger Jahre bis zum provisorischen Bahnhof an der Langen Gasse weiterzog. Auf dem Gellert erstreckte sich vor hundert Jahren bereits ein dichtes Strassennetz; für die kommenden Jehrzehnte war vorgesorgt.

Weg nach Birsfelden

Die St. Alban-Vorstadt wies eine enge Bebauung auf, gegen die frühere Mauer aber zogen sich lange Gärten. Ausserhalb des St. Alban-Tors verlief die Strasse nach Zürich. «Auf der Breite» war ein Flurname, der nur wenig Wohnbauten miteinbezog. Der St. Albanteich erfüllte noch seine alte Funktion, er floss entlang dem Abhang des Gellerts. Eine Bade-Anstalt lockte zum Tauchen ins kühle Nass. Zwischen St. Albanteich und Birs bestand eine Verbindung als Überlauf bei hohem Wasserstand. Bescheiden war die Eingangspartie von Birsfelden; nur vereinzelte Bauten standen an der Strasse: es waren meist Gaststätten.

Ausfallstrasse ins Elsass

Entsprechend ihrer verkehrspolitischen und wirtschaftlichen Bedeutung war die breite Missionsstrasse bald nach der Entfernung der Stadtmauern eine Strasse, die schon ganz städtisch wirkte. Erst nach der Überquerung der Elsässer-Bahnlinie war freies Land, das Kannenfeld, das landwirtschaftlich genutzte Areal des «Kannen-Wirtes». Der Kannenfeld-Gottesacker lag ziemlich weit entfernt von den Häusern ausserhalb des Siedlungsraumes.

Alte Fahrstrasse nach Strassburg

Schon die alte Römerstrasse führte von der Talsenke bei der Birsigmündung dem Rhein entlang in Richtung Kembs und Strassburg. Die Verlängerung der St. Johann-Vorstadt, die eigentliche Elsässerstrasse, entspricht dem alten Strassenverlauf. Um 1874 waren zwischen dem St. Johann-Tor und dem Spalentor noch grössere Teile der Stadtmauer und der Wälle zu sehen. Innerhalb des Mauerzuges lag die Strafanstalt, ausserhalb das Schlachthaus. Die Bebauung in Richtung St. Louis war nicht dicht, ging es doch gegen das Ausland.

Rings um den Kern Kleinbasels

Das alte Kleinbasel war dicht besiedelt, doch beim Badischen Bahnhof (heutiges Mustermesse-Areal) entwickelte sich rasch ein neues Quartier, dessen Strassenzüge sich rechtwinklig schnitten. Der Riehenteich erreichte Kleinbasel mit einer kleinen Biegung und floss dann dem früheren Mauerzug entlang. Hinter dem Bahnhof am Riehenteich erstreckte sich ein Gottesacker, dessen Abdankungshalle noch heute besteht. Natürlich besass auch das «mindere Basel» seine Badanstalt; sie befand sich vom heutigen Eglisee nicht weit entfernt. — Vereinzelte Häuser standen im Gebiet des Vogelsangs. Geräumig scheint die Anlage des Hofes und Gutes Hirschenbrunnen (Hirzbrunnen) gewesen zu sein. — Die Bahnlinie von Konstanz und von der Verbindungsbrücke her erreichte den Badischen Bahnhof in einem weiten Bogen, der nach der Verlegung des Bahnhofes den Strassenzug des Riehenrings bilden sollte. Aber auch ausserhalb des entfernten Bläsitors gegen Kleinhüningen zu kam es bereits zum Bau verschiedener Häuser, so vor allem an der Amerbachstrasse. Bald sollte sich hier nach der Errichtung von Fabrikanlagen ein grosses Wohnquartier ausdehnen.

BASELS GESCHICHTE KURZGEFASST

Eintritt in die Geschichte

2. Jahrtausend v. Chr.: Siedlung im Gebiet des heutigen Kleinbasel. 1. Jh. v. Chr.: Ansiedlung der keltischen Rauriker beim heutigen Voltaplatz — Auszug mit den Helvetiern gegen Süden, Niederlage bei Bibracte — Beginn der römischen Herrschaft — Kastell auf dem Sporn zwischen Rhein und Birsig.
1.—10. Jh.: Erste Erwähnung Basels (374) — Einbruch der Alemannen über den Rhein (um 450) — Fränkische Stadt — Zerstörung der Stadt durch die Ungarn (917).

Bischofsstadt

11. Jh.: Verleihung der weltlichen Stadtherrschaft an den Bischof durch Kaiser Heinrich II. — Weihe des neuen Münsters — Einbezug ins Heilige Römische Reich Deutscher Nation — Gründung des ersten Klosters: St. Alban.
13. Jh.: Erster Rat — Erweiterung der Stadtmauer — Bau der Rheinbrücke (1225/26) — Planmässige Anlage des rechtsrheinischen Brückenkopfes Kleinbasel.
14. Jh.: Verschiedene Pestepidemien — Grosses Erdbeben (18. Oktober 1356) — Böse Fasnacht, Bedrängung Basels durch Österreich — Erstarken der Zünfte — Errichtung der äussersten Stadtmauer, Einbezug der Vorstädte — Zusammenschluss von Gross- und Kleinbasel.

Zentrum für Wissenschaft und Kunst

15. Jh.: Gebietserwerbungen auf der Landschaft — Stadtbrand (1417) — Grosses Reformkonzil, Basel während einiger Jahre

Zentrum des Abendlandes — Beginn der Papierfabrikation — Schlacht bei St. Jakob (26. August 1444, Kampf der Eidgenossen gegen die Armagnaken) — Gründung der Universität durch Papst Pius II. (1460) — Kaiserliche Privilegien zur Durchführung von zwei jährlichen Warenmessen (1471).
16. Jh.: Eintritt in den Bund der Eidgenossen (13. Juli 1501), neutrale innereidgenössisches Stellung Basels — Loslösung der Stadt von der weltlichen Herrschaft des Bischofs — Erwerb von Riehen — Glaubenstrennung, Oekolampad als Reformator — Wirken zahlreicher bedeutender Buchdrucker (Froben), Gelehrter (Erasmus von Rotterdam), Künstler (Familie Holbein, Urs Graf), Kaufleute — Einwanderung von Glaubensflüchtlingen.

Stilles Erstarken

17. Jh.: Kauf von Kleinhüningen — Rechtliche Unabhängigkeit Basels und der ganzen Eidgenossenschaft vom Deutschen Reich (Westfälischer Friede, 1648), intensive Bemühungen von Bürgermeister Johann Rudolf Wettstein.
18. Jh.: Zentrum der Seidenbandindustrie — Lehrtätigkeit berühmter Dozenten (Familie Bernoulli, Johann Rudolf Iselin) — Anschluss an die Revolution (1798).

Internationale Handels-, Verkehrs- und Industriestadt

19. Jh.: Dreikaisertreffen während des Feldzuges gegen Napoleon — Ankunft des ersten Dampfschiffes (1832) — Trennung von Stadt und Landschaft (1833) — Fahrt der ersten Eisenbahn auf Schweizer Boden (1845, Strassburg—Basel) — Herausgabe der städtischen Briefmarke, des Baslerdybli (1845) — Glied des

neuen schweizerischen Bundesstaates (1848) — Niederlegung der Stadtmauern — Aufkommen der chemischen Industrie — Erste Basler Fabrikgesetzgebung — Gründung der Effekten- und Devisenbörse — Erlass einer neuen Verfassung (1875).
20. Jh.: Eröffnung der Rheinschiffahrt bis Basel (1904) — Erste Flugzeuglandung — Gründung der Schweizer Mustermesse (1917) — Generalstreik — Erste Sendungen von Radio Basel (1926) — Schwierige Grenzlage während des Zweiten Weltkrieges — Eröffnung des internationalen Flughafens Basel-Mülhausen — Einführung des Frauenstimmrechts in der Bürgergemeinde — Errichtung des Technikums beider Basel in Muttenz — Einführung des Frauenstimmrechts im Kanton (1966) — Ablehnung der Wiedervereinigung beider Basel durch die Landschaft (1969) — Intensive Bemühungen um ein regionales Denken und Wirken.

Cathedrale.

MÜNSTER

Das Basler Wappen ziert ein Bischofsstab, ein Hinweis auf Basels frühe Geschichte, als die Stadt unter der Herrschaft eines Fürstbischofs manch grosse Epochen erlebte. Seine Kirche, das Maria und Heinrich II. geweihte, in rotem Sandstein gehaltene Münster erhebt sich hoch über dem Rhein am Rand eines schon zur keltischen Zeit bewohnten Kastell-Platzes, der zu den schönsten Plätzen Europas zählt. Trotz der beiden gotischen Türme ist das Münster im Aufbau, in der Gliederung, in den Skulpturen, vor allem auch im Innern eine romanische Schöpfung.
Vom karolingischen Münsterbau (9. Jahrhundert) sind nur Reste einer Aussenkrypta erhalten. Im Jahre 1019 wurde in Anwesenheit des Kaisers Heinrich II., der das Münster mit Gütern und reichen Kirchenzierden beschenkte, ein romanisches Bauwerk geweiht; von ihm sind die untere Partie des Georgsturmes (linker Turm), die Apostel- und Vincentius-Tafeln sowie die Goldene Altartafel (heute im Musée de Cluny in Paris) erhalten. Im damaligen Kaiserdom forderte Bernhard von Clairvaux zum Kreuzzug auf, ebenso fanden darin eine Reichsversammlung und eine Papstwahl statt. Nach dem Brand von 1185 entstand die Anlage mit drei Schiffen im heutigen Ausmass mit Empore im Langhaus und im Chor, die reich mit romanischen Skulpturen geschmückte Chorpartie, Querschiff und der ehemals offene Krypta-Umgang, sowie vier Türme und Vierungsturm. Als grossartiger Schmuck entstand damals die Galluspforte, eines der ältesten Figurenportale im deutschen Sprachbereich, beeinflusst von burgundischen, südfranzösischen und lombardischen Stilelementen. Bedeutend sind die vier Evangelisten, Christus als Weltenrichter, die Engel des Gerichts und der Auferstehung, das Gleichnis der Klugen und Törichten Jungfrauen und die Werke der Barmherzigkeit. Das Ganze ist eine steinerne Predigt über

die letzten Dinge. Im Giebel erinnert das Glücksrad als Allegorie an die Wandelbarkeit der Schicksale.

Von 1250 bis 1296 erstellte man das heutige Westportal mit seinen einzigartigen Skulpturen und die unteren Geschosse des Martinsturmes (rechter Turm). Der Wiederaufbau des beim Erdbeben 1356 teilweise zerstörten Baus brachte hochgotische Türme, gotischen Choraufbau und Vorverlegung des Westportals. Das geschnitzte Chorgestühl stammt aus der Zeit des im Münster tagenden abendländischen Konzils von 1431 bis 1448, die kühn geformte Kanzel von 1486. Um 1500 war das Münster vollendet. Dem Bildersturm der Reformation 1529 fielen Innenausstattung und Marienfigur am Westportal zum Opfer. Anlässlich verschiedener Renovationen kam es zu manchen Veränderungen, nicht immer im Interesse des romanischen Gesamtbaus.

Von grosser Bedeutung sind die zahlreichen Grabmäler im Innern des Münsters und im angegliederten stillen Kreuzgang des 15. Jahrhunderts, so jene von Erasmus von Rotterdam, Königin Anna, Bischöfen, Gelehrten. Das Basler Münster gehört zu den prächtigsten Sakralbauten am Oberrhein, sein Einfluss auf Bauten der näheren und weitern Umgebung war gross. In der Stadtgeschichte ist der stolze Bau immer wieder Ort vieler wichtiger und festlicher Anlässe gewesen.

OEKOLAMPAD

Am 1. April 1529 erfolgte in Basel der Durchbruch der Reformation, sie prägte die folgenden Jahrhunderte. Dass diese Epochen in der Rheinstadt in konfessioneller Hinsicht einen äusserst versöhnlichen Verlauf nahmen und Basel, das teilweise von altgläubigem Gebiet umgeben war, in seiner Entwicklung unter keinem Unterbruch litt, ist dem Verhalten des Reformators Johannes Oekolampad (1482—1531) zu verdanken. Er vermied jedes extreme Vorgehen während der Glaubensspaltung und legte so die Grundlage zu einem zukünftigen toleranten Verhalten der Basler Behörden und der Bevölkerung. Nahe seiner Grabstätte wurde 1862 anlässlich der Schweizerischen Kirchen-Konferenz eine von Ludwig Kaiser geschaffene Statue enthüllt, im folgenden Jahr aber beschädigt. Sie stellt den Reformator mit der Bibel dar, seine Rechte weist bewahrend auf die Heilige Schrift. Johannes Oekolampad aus Weinsberg in Württemberg studierte in Basel und kam später als Glaubensflüchtling in die Rheinstadt, wo er an der Universität Vorlesungen hielt und als Pfarrer amtete. Sein Wirken führte zur Annahme der neuen Ideen von Rat und Volk.

Aus einer Buch-Widmung an den Basler Rat, März 1525: «Und in diesem Namen hoffe ich und bitte Gott, er wolle Eure Stadt jeden Tag mehr und mehr glücklich machen. Möge ein andrer bewundern ihre prächtigen Gebäude, ihr mildes Klima, ihren fruchtbaren Boden, ihre schöne Lage, all den Nutzen des Rheinstromes, der diese Stadt durchfliesst, all die Kunstfertigkeit ihrer Handwerker, all den Ruhm ihrer Buchdrucker. Möge ein andrer preisen all die grossen Privilegien, die Basel von Königen und Päpsten geniesst, all die hohe Ehre, die ihm das grosse Konzil brachte, all die hohe Zier durch seine Gelehrten, vor allem durch den grossen Fürsten der Wissenschaft Erasmus, all seine treue

Eidgenossenschaft mit den Schweizern, all seine hohe Staatskunst, mit der es sich um die benachbarten Fürsten und Städte verdient macht. Mir scheint das alles nicht so bewundernswert, obwohl sich Basel darin mit den berühmtesten Städten messen kann, ja sogar die meisten übertrifft; aber da wir erwarten, dass einmal diese ganze, der Vergänglichkeit verfallene Welt untergehen wird, was sollen wir solche Dinge bestaunen, was soll uns das alles gefesselt halten? Nein, darin preise ich Basel glücklich und das macht mich froh und freudig, dass es den Herrn als seinen Gott anerkennt. Dem Herrn folgt keine Stadt wirklich, die dem Wort Gottes und seinen Predigern feind ist; den Herrn kennt keine, die nicht Recht und Gerechtigkeit so achtet, wie es uns die ganze Schrift einmütig empfiehlt, ganz besonders unser Prophet Jesaja...»

Basel ehrte wenige seiner Mitbürger mit einem Denkmal; seinem Reformator hat es eine würdige Statue, ein Gemeindehaus und eine Strasse gewidmet.

Oecolampadius.

Eglise St. Elisabethe.

ST. ELISABETHEN

Auch in früheren Jahrzehnten wird es oft vorgekommen sein, dass fremde Besucher die über der Steinentorstrasse sich erhebende Elisabethenkirche, die eine grosse städtebauliche Wirkung besitzt, als Kathedrale betrachtet und bewundert haben. Wenn dies auch nicht zutrifft, so steckt doch hinter diesem Gotteshaus etwas Besonderes. «Da nun dieses Werk nach unserem Willen in bezug auf Solidität, Schönheit und Ausstattung möglichst vollkommen sein soll, so erkläre ich und empfehle, mein diesfallsiger Wunsch solle, wenn mir nicht vergönnt sein sollte, die Vollendung dieser Bauten selbst noch zu erleben, nichtsdestoweniger auch dann genau durchgeführt und sollen daher die Kosten, die darauf zu verwenden sind, aus ökonomischen Rücksichten nicht karg und diesem Wunsch widersprechend zugemessen werden, da mir wesentlich daran liegt, dass das Werk, welches wir gegründet, in diesem Sinne vollendet werde.»
Der Schreiber dieses Testament-Ausschnittes war der hochherzige Christoph Merian, der sich 1856 entschloss, auf eigene Kosten die Elisabethenkirche zu errichten. Beim öffentlichen Wettbewerb, der eine freistehende eintürmige Kirche vorschrieb, gingen 16 Pläne ein. Zwei Vorschläge kamen in die engere Wahl und mussten überarbeitet werden. Zuletzt legte der Stifter im Januar 1857 den Behörden das Projekt «Der Herr ist gross» des bekannten Kirchenbaumeisters Ferdinand Stadler aus Zürich vor. Im Mai 1857 wurden im Chor die ersten Fundamentsteine gesetzt, und unter der Bauleitung von Christoph Riggenbach, nach dessen Tode von Carl Wartner, ging das Bauen gut vorwärts. Am 5. Juni 1864 zogen Behörden und Pfarrherren von der alten Elisabethenkapelle unter Orgelspiel ins neue, ebenfalls Elisabeth von Thüringen, der Patronin der Bettler und Kranken geweihte Gotteshaus ein. Leider konnte Christoph Merian diese

Weihestunde nicht mehr erleben. 1858 verstorben, ruht er mit seiner 1886 verstorbenen Gattin in der stillen, eindrucksvollen Gruftkapelle der Kirche. Der Architekt befolgte den Wunsch des Bauherrn nach einer Annäherung an den Stil der mittelalterlichen Kirchenbauten. Durch ihren Geist aufrichtiger Frömmigkeit und durch ihre grosse, jahrhundertealte Tradition strömte für Merian eine besondere Würde und Weihe. So bildet die Kirche in neugotischem Stil ein dreischiffiges Langhaus ohne Querbau, ihre Fassade ist reich gegliedert. Der Turm ist mit seinen 72 m der zweithöchste Basler Kirchturm. Das Innere beeindruckt durch die Kanzel, die Chorstühle und die Glasgemälde. Die Freude über die neue protestantische Kirche, die erste nach der Reformation, war allgemein gross. Später fielen oft harte kritische Urteile: in unserer Zeit sind sie erneut laut geworden. Da Wind und Wetter dem Sandstein stark zugesetzt haben, ist eine umfassende Renovation dringend notwendig, sie soll in wenigen Jahren erfolgen.

ST. PETER

In einem Stadtführer des letzten Jahrhunderts steht bei der Erwähnung der Peterskirche der Satz: «Das Gebäude selbst bietet nichts Sehenswertes». Wie ganz anders lautet eine heutige Beschreibung; sie ist durch die entdeckten kostbaren Malereien ein Juwel unter den alten Kirchen Basels geworden.
Am Rande des seit 1277 mit Bäumen bepflanzten Platzes, der früher ein Ort für Volksbelustigungen und Gastmähler war und anlässlich der Herbstmesse immer wieder von buntem ursprünglichem Marktleben erfüllt ist, erhebt sich recht bescheiden die Kirche St. Peter. Ihr Äusseres fällt — wie übrigens die Fassaden aller vorreformatorischen Pfarrkirchen Basels — wenig auf. Die erste karolingische Kirchenanlage stammt aus dem 9. Jahrhundert, von ihr sind unter dem Chor noch zahlreiche Mauerzüge vorhanden. Sie war eine Pfarrkirche mit Gottesacker für die bei der Birsigmündung ansässigen Bürger und nahm auf dem hohen Terrassenrand gegenüber von St. Martin eine markante Stellung ein. In den späteren Jahrhunderten wurden oft Um- und Neubauten vorgenommen. Die erste schriftliche Erwähnung von St. Peter stammt aus dem Jahre 1219; seit 1233 gehörte zur Kirche ein weltliches Chorherrenstift mit Schule. Nach der teilweisen Zerstörung durch das Erdbeben entstand in der zweiten Hälfte des 15. Jahrhunderts ein spätgotischer Neubau mit flachgewölbter Decke und geradem Chorabschluss. Gegen Ende des Jahrhunderts wurde ein Netzgewölbe eingezogen, Reliefs der zwölf Apostel zieren seine Schlusssteine. Den von vier Kapellen flankierten und mit reichem Gestühl ausgestatteten Chor schliesst ein spätgotischer Lettner ab.
Bereits 1939 wurde die als Heizraum benützte Eberler-Kapelle restauriert. Sie weist eine reiche Bemalung auf: ein vor dem Kapellenbau um 1400 angebrachtes Passionsbild, verschiedene

Eglise St. Pierre.

Fresken aus der Altarwand aus der Zeit vor 1459 und weitere Malereien aus dem Jahre 1474, als der reiche Junker Matthias Eberler vom nahen Engelhof der Kapelle ein spätgotisches Gepräge gab. An der Rückwand hängt das von Erasmus von Rotterdam in drei Sprachen verfasste Epitaph auf den Buchdrucker Froben. Auch in den anderen Kapellen sind eindrucksvolle Malereien anzutreffen, sie harren noch der Restaurierung. Wohl das kostbarste Kunstwerk konnte in einer Nische der rechten Langhausfront freigelegt werden: Dornenkrönung Christi und Grablegung. Die aus den Jahren kurz vor 1400 stammende Malerei stellt den Höhepunkt der Basler Wandmalereien dar und veranschaulicht die engen Beziehungen der Kirche St. Peter zu den vielen Adelssitzen und Höfen der anschliessenden Strassenzüge. In ihren reich ausgestatteten Bauten konnten ebenfalls zahlreiche wertvolle Malereien restauriert werden.
Vor der Kirche steht seit 1899 eine schlichte Büste des Dichters Johann Peter Hebel (1760—1826), des Schöpfers des von den Baslern geliebten Liedes: «Z'Basel an mim Rhi». - Am Rande des weiten Petersplatzes fallen der prächtige Rokokobau des Wildt'schen Hauses und der klare Bau des Kollegiengebäudes aus den Jahren 1937/1938 auf, seine Vorhalle zeigt Mosaikbilder von Walter Eglin; die Steinchen stammen alle aus der Basler Region. Am Petersgraben sind noch einige Reste der inneren Stadtbefestigung sichtbar.

FRANZÖSISCHE KIRCHE

Die freiheitlichen Ideen des letzten Jahrhunderts gaben den konfessionellen Minderheiten starken Auftrieb und einen Durchbruch an eine weite Öffentlichkeit. Ähnlich verhielt es sich bei den kleineren Gruppen der Evangelisch-reformierten Kirche. Die Eglise française war ursprünglich die Kirche der Glaubensflüchtlinge, später die Kirche der vornehmen Basler, deren Vorfahren zu den Refugianten gehörten, sowie der Ratsherren, Handelsleute und Gelehrten aus den ersten Familien der Stadt. Heute ist sie vor allem die Kirche der in Basel und Umgebung niedergelassenen Romands. Sie ist ein Glied der Evangelisch-reformierten Kirche von Basel, nimmt aber eine weitgehend autonome Stellung ein. Der vor wenigen Jahren abgerissene Bau am Holbeinplatz dokumentierte die Stellung der Gemeinde um 1868, er war ihr sechster Gottesdienstraum. Die ersten Gottesdienste wurden in einem Privathaus gefeiert, 1588 erhielt die Gemeinde einen Saal im «Oberen Kollegium», im ehemaligen Augustinerkloster (heutiges Areal des Natur- und Völkerkundemuseums). Bereits 26 Jahre später stellte ihr der Rat die alte Kirche der Prediger oder Dominikaner am Totentanz zur Verfügung. Während rund 250 Jahren versammelten sich dort die Gläubigen französischer Zunge. Leider waren die räumlichen Verhältnisse recht ungemütlich, da starke Feuchtigkeit das Mauerwerk beschädigte; sie rührte vom städtischen Salzlager im Chor der Kirche her. Zudem fehlte eine Heizung, so dass im Winter oft bittere Kälte herrschte. Die Kirche war der Ort verschiedener Anlässe im Zusammenhang mit Feiern, bei denen die Beziehungen zu Frankreich im Vordergrund standen. 1811 zum Beispiel wurde anlässlich der Geburt des Sohnes Napoleons in Anwesenheit der Behörden ein feierliches Te Deum gesungen. Basel zeigte so seine unterwürfige Haltung.

Eglise française.

1865 musste die Gemeinde die Predigerkirche räumen, sie erhielt Gastrecht in der Spitalkapelle und dann im Christlichen Vereinshaus am Nadelberg. Nachdem die Regierung die Überlassung eines Terrains ablehnte, erwarb die Gemeinde 1867 ein Grundstück am Holbeinplatz. Ferdinand Stadler, der auch die neue Elisabethenkirche plante, arbeitete das Projekt aus; Baumeister war Eduard Bruckner. Der Grundstein konnte am 11. Juni 1867 gelegt werden. Der in neugotischem Stil gehaltene würdige und geschmackvolle Bau passte gut in die Umgebung. Die Kosten beliefen sich auf rund 96 000 Franken, den Abendmahltisch stifteten vor allem die in Basel dienenden Köchinnen, Kinder- und Zimmermädchen französischer Zunge.

Der 5. Juli 1868 war Weihetag der Kirche. Verschiedene frühere Pfarrherren der Gemeinde nahmen am Festgottesdienst teil. Ein Bankett im Hotel Drei Könige bildete den weltlichen Abschluss der Feier. — Anstelle der Kirche besitzt nun die Gemeinde ein modernes Zentrum, das den heutigen Bedürfnissen der vielen Gläubigen gerecht wird.

MISSIONSHAUS

Der Name unserer Stadt ist durch verschiedene Gegebenheiten in der weiten Welt bekannt, durch die Industrie, die Banken, die Universität, die Kunstschätze oder aber durch die Basler Mission. Dies war schon vor mehr als 100 Jahren so. Der Sitz der Mission mit der Missionsschule bildete eine kleine Sehenswürdigkeit und einen Anziehungspunkt. Ausserhalb des Spalentors an der nach ihr benannten Strasse steht das äusserlich recht bescheidene Missionshaus. Tritt man aber in den Park, so erblickt man ein grosses Gebäude, das am 4. Juli 1860 eingeweiht wurde. Es war damals gewiss ein Wagnis, vor der Stadt im freien Gelände an der damaligen Burgfelderstrasse ein solches Gebäude zu erstellen. Die Weitsicht und der Hoffnungsglaube der damaligen Missionsleitung haben sich gelohnt, der Missionsgedanke breitete sich rasch aus, ebenso die bis dahin stark ummauerte Stadt.
1815 entstand die Basler Missions-Gesellschaft, die Bildung und Aussendung evangelischer Missionare für nichtchristliche Völker zum Ziel hat. Die Arbeit wurde bereits 1821 im Kaukasus aufgenommen. Später fasste die Mission vor allem in Afrika Fuss.
Das erste Heim der Mission stand am St. Albangraben. Bis 1860 befanden sich dann die Schule und die andern Institutionen an der Leonhardsstrasse sowie im Gundeldingerquartier. Wegen des Baus des neuen Central-Bahnhofes war ein Umzug nötig. Jetzt kam es zur Konzentration aller Anstalten (so auch einer Verlagsbuchhandlung) auf ein einziges Areal. In zweijähriger Bauzeit schuf Johann Jakob Stehlin d. J. das romantisch-neogotische Gebäude, das in den drei oberen Stockwerken Raum für rund 120 Schüler bot. Einen besonderen Anziehungspunkt bildete stets das Museum mit seinen wertvollen ethnologischen Sammlungen aus Ostindien und Westafrika. Auch heute erfüllt die

Collége de la Mission.

Basler Mission in der Dritten Welt ihre Aufgaben mit grossem Einsatz und Erfolg; sie versteht es, ihre Arbeit den sich oft wechselnden Gegebenheiten anzupassen und das christliche Gedankengut zu verbreiten.

Das Reisen und Arbeiten in fremden Ländern gehört eigentlich zum Basler, sei's als Forscher oder als Kaufmann. Viele auserlesene Objekte der Museen berichten vom erfolgreichen Wirken der Basler in der weiten Welt seit einigen Jahrhunderten — der Rhein hat sie schon immer in die Ferne gelockt!

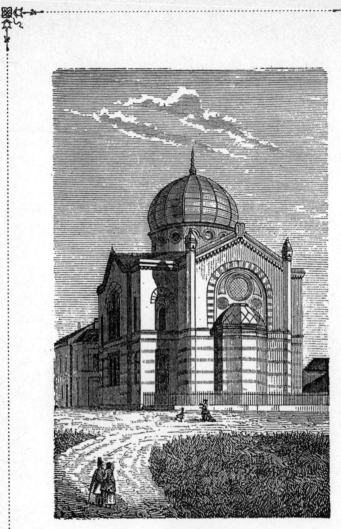

Synagogue.

SYNAGOGE

Die Lage und Stellung Basels brachten die Stadt schon früh in Kontakt mit Juden, sie besass eine der ältesten Judengemeinden des Mittelalters; 1213 werden bereits Juden erwähnt. Die Synagoge (=Versammlung, Versammlungsort) lag damals am Rindermarkt, der heutigen Unteren Gerbergasse. Der 16. Januar 1349 bedeutete jedoch das schauerliche Ende der ersten Basler Judengemeinde. Damals wurden ihre Angehörigen als Folge der Beschuldigungen, während der Festzeit die Brunnen vergiftet zu haben, in einem hölzernen Häuschen auf einer Sandbank an der Birsigmündung im Rhein verbrannt. Aber schon um 1360 erlaubte man wieder Juden aus dem nahen Colmar nach Basel zu ziehen, denn der Wiederaufbau der durch das Erdbeben vier Jahre vorher zerstörten Stadt und die Anschaffung von Kriegswaffen brachten grosse Ausgaben; jetzt waren die Juden als Darlehensgeber von neuem willkommen. «Die Lage der Juden im Mittelalter schwankte zwischen Verworfensein und Unentbehrlichkeit» schrieb Rudolf Wackernagel. Die Kultstätte dieser zweiten jüdischen Gemeinde befand sich an der Grünpfahlgasse (Areal der heutigen Schweizer Volksbank). Noch bis ins 19. Jahrhundert hiess das Haus «zur Judenschule». Von 1400—1800 wohnten in Basel keine oder nur vereinzelte Juden. Erst die freiheitlichen Bestrebungen der Helvetik öffneten den Juden von neuem die Tore der Stadt. Bald siedelten sich jüdische Familien aus dem Elsass in Basel an, und es entwickelte sich hier eine neue Gemeinde. Die Basler Regierung zeigte eine weit grössere Toleranz als die übrigen Kantone. Der jüdische Betsaal befand sich im Haus «zum Venedig» am Schlüsselberg. Später zog die wachsende Gemeinde in ein Haus auf der Lys und dann an den Unteren Heuberg. Im September 1850 konnte am Unteren Heuberg 21 die erste eigentliche Synagoge eingeweiht werden,

sie umfasste 30 Männer- und ebensoviele Frauenplätze. Die auf Druck von Frankreich und der USA vorgenommene Verfassungsänderung von 1866 brachte die Gleichstellung der Juden in der Schweiz. Ein neuer Anstieg der Mitgliederzahl und die freiheitlichen Ideen der Zeit förderten den Bau einer neuen Synagoge an der Ecke Eulerstrasse/Leimenstrasse. Am 9. September 1868 war das auf eigene Kosten der Gemeinde errichtete Gotteshaus mit je 150 Männer- und 150 Frauenplätzen vollendet und wurde im Beisein der städtischen und kirchlichen Behörden eingeweiht. Architekt des in neumaurisch-byzantinischem Stil errichteten Baues mit einer Kuppel war Hermann Rudolf Gauss (1835—1868). Jetzt begann für die Basler Juden eine «neue Zeit der Bruderliebe und Duldung».
Bereits 1892 musste die Synagoge erweitert werden, Architekt Paul Reber löste das Problem vorbildlich durch Anfügung einer zweiten Kuppel. 1906 wurde nebenan die «Kleine Synagoge» erstellt, später kam es zu weiteren Umbauten. — Einen wichtigen Abschnitt in der Geschichte der Juden in Basel bilden die hier durchgeführten Zionistenkongresse; 1897 wurde durch Theodor Herzl im Musiksaal des Casinos zur Schaffung des heutigen Staates Israel aufgerufen — «in Basel habe ich den Judenstaat gegründet». — Vor 100 Jahren zählte die jüdische Gemeinde 429 Personen, 1970 waren es 2217.

SPALENTOR

Sicherheit und Schutz waren für jede mittelalterliche Stadt eine der wichtigsten Voraussetzungen einer guten Entwicklung; den Wällen und Mauerzügen kam daher eine zentrale Bedeutung zu. Seit keltischer und römischer Zeit wies Basel verschiedene Mauern auf, im späten 14. Jahrhundert wurde der letzte, rund vier Kilometer lange Ring erstellt. Erst 1859 erfolgte durch obrigkeitlichen Beschluss das Niederlegen der Mauern, denn damals sprengte die Entwicklung der Stadt jeglichen überlieferten Rahmen. Anstelle der Gräben entstanden breite Graben-Strassen (z. B. Äschengraben) und ausserhalb davon neue Quartiere.
Durch sieben Tore spielte sich der regionale und europäische Handel und Verkehr Basels ab. Das schönste und in seiner Art einzigartige Tor der Stadtbefestigung ist das Spalentor, der markante Abschluss der verkehrsreichen Strassenverbindung mit dem Elsass, dem Weinkeller und der Kornkammer Basels. Durch das Spalentor gelangten im Verlauf der Geschichte immer wieder viele Scharen von Flüchtlingen in die hilfsbereite Stadt.
Die wirtschaftliche Stellung des Gemeinwesens widerspiegelt sich in der Pracht dieses Bauwerkes. Der viereckige Hauptturm mit buntgedecktem Spitzhelm wird von zwei mächtigen Rundtürmen mit Zinnenkranz flankiert. Diese wohlproportionierte Anlage entstand vor 1398, sie wurde 1473/74 von Jakob Sarbach durch ein Vorwerk ergänzt. Die alte Torsperre mit Türflügel, Fallgatter und Aufzugsvorrichtung ist noch intakt erhalten. — An der äusseren Front des Hauptturmes befinden sich unter gotischen Baldachinen die um 1400 von der Prager Parlerschule geschaffenen Statuen von zwei Propheten und der während Jahrhunderten in Wallfahrten immer wieder aufgesuchten gotischen Madonna mit Kind auf der Mondsichel, der «Lieben Frau vom Spalentor». Die Originale befinden sich im Historischen

Museum am Barfüsserplatz. Das Vorwerk weist an den Mittelzinnen zwei Schildhalter auf, ebenso verschiedene mit Figuren reich verzierte Konsolen. Der Schlussstein im Kreuzgewölbe der Durchfahrt zeigt einen Engel als Schildhalter des städtischen Wappens. Gegen die Spalenvorstadt ist einer der ältesten Basler Briefkästen angebracht, er stammt aus der Zeit der Kantonalpost und wird noch heute bedient. Das mit einer Brieftaube geschmückte Werk ist eine Arbeit von Melchior Berri, dem Schöpfer der berühmten Basler Briefmarke, des Baslerdybli.
Während Jahrhunderten wohnte im Spalentor ein Turmwächter, bis 1896 der Feuerwächter, heute beherbergt es die Stube der Vorstadtgesellschaft zur Krähe.
Unweit der imposanten Wehranlage steht am Spalengraben das alte Stachelschützenhaus, einst Treffpunkt der Armbrust-Schützen. Die breite Ausfallstrasse, die Missionstrasse, weist eine einzigartige Sehenswürdigkeit auf: das Schweizerische Turn- und Sportmuseum. Hinter einer bescheidenen Fassade verbirgt sich eine Fülle von reichen Sammlungen. (Die Herkunft des Namens Spalen ist noch ungeklärt, sicher aber hat er mit St. Paul nichts zu tun, vielleicht bedeutet er: hölzerner Steg oder Vorsprung.)

Porte de St. Paul.

ST. ALBANTOR

Den Abschluss der St. Albanvorstadt bildet seit dem Ende des 14. Jahrhunderts das St. Albantor. Die damals vollendete äusserste Befestigungsmauer hatte die Aufgabe, die weite Siedlung rund um das dortige Kloster zu schützen. Dieses wurde 1083 von der burgundischen Abtei Cluny aus gegründet, es übernahm bald an der Rheingrenze eine wichtige Funktion. Rings um die Klostergebäude, von denen vor allem Partien des romanischen Kreuzgangs noch erhalten sind, entwickelte sich eine Gewerbesiedlung. Der bei Münchenstein von der Birs abgeleitete St. Albanteich trieb verschiedene Mühlen. Für die Geschichte Basels waren die Papiermühlen von St. Alban von Bedeutung. Der in der Stadt blühende Buchdruck verlieh der Papierindustrie einen gewaltigen Aufschwung. Die Werke der Humanisten und Künstler fanden überall weite Verbreitung. Diese Handwerkersiedlung brauchte eine Umwallung, lange genug lag sie ungeschützt am Rhein. Die äusserste Stadtmauer holte nun weit aus und umschloss auch St. Alban. Das Tor entsprach denjenigen am Abschluss anderer Vorstädte. Ein schlanker Bau wurde von einem Zinnenkranz und einem einfachen Dach abgeschlossen, ein Erker übernahm die Funktion der mittelalterlichen Pechnase. 1871 wurden die anstossenden Mauerzüge abgetragen; 1872 veränderte eine umstrittene Restauration das Tor: Entfernung des Erkers an der Aussenseite, Ersetzen des Zeltdaches durch ein steiles Schlossdach, Anbau eines Polizeipostens mit Spritzenhaus, Anbringen einer Turmuhr. Auf der alten Bastion wurde ein Park angelegt. Glücklicherweise blieb im St. Albantal bis zum Letziturm ein Stück der Stadtmauer mit Wehrgang erhalten, eine interessante Dokumentation des alten Basel. In nächster Zeit soll das ganze St. Albantal saniert werden, so dass bald ein Stück Altstadt zu neuem Leben erwachen wird.

Porte de St. Alban.

RATHAUS

Seit dem frühen 13. Jahrhundert besitzt Basels Bürgerschaft das Recht, einen Rat zu bestimmen und so auf das politische Geschehen direkt Einfluss zu nehmen. Sitz der Behörden war das Rathaus, das sich seit je auf dem Kornmarkt befand. Im Jahre 1501 trat die Stadt dem Bund der Eidgenossen bei. Diese erreichten so einen wichtigen Zugang zum schiffbaren Rhein, und Basel stärkte seinen Rücken und erhielt sichere Verbindungen mit dem Süden. Im Bundesbrief wurde die Stadt verpflichtet, sich bei innereidgenössischen Kriegen neutral zu verhalten, ja sich um die Vermittlung zu bemühen, eine Aufgabe, die sie in den folgenden Jahrhunderten immer wieder meisterhaft löste.
Um 1500 erlebte Basel eine eigentliche Blütezeit, in der es grosses Ansehen genoss. Als Ausdruck seiner Macht und Stärke erbaute sich Basel, wohl durch Ruman Faesch, ein neues Rathaus, das sich in jeder Beziehung sehen lassen durfte. Der Bau von 1504 bis 1513 bildet noch heute den Kern der Anlage, wurde aber bedeutend erweitert. Über drei Arkadenbogen, die sich zu einem Hof öffnen, erhebt sich der spätgotische feingegliederte Bau, dessen Zinnenkranz die Wappen der Alten Orte zeigt. Am Uhrengehäuse thronen die zur Justitia umgearbeitete Maria, Kaiser Heinrich und Kaiserin Kunigunde. Darüber befindet sich als Betonung der Bau-Mitte der Bannerträger und das stolze, reich vergoldete Türmchen. Rund hundert Jahre später erfolgte eine Erweiterung des Baus nach Norden. Durch eine einheitliche Bemalung erhielt die Fassade ein farbenfrohes Gepräge. So zeigte sich der Basler Sitz der Legislative und Exekutive bis in die neuere Zeit. Erst 1898 bis 1904 kam die Erweiterung mit dem Turm und dem grossen Verwaltungstrakt dazu. Durch kunstvolle geschmiedete Eisengitter öffnet sich die Halle mit Gemäldeszenen aus der Biblischen Geschichte und der Hof mit

Hôtel du Gouvernement & Banque de Bâle.

dem Standbild von Munatius Plancus, dem Gründer des nahen römischen Augusta Raurica. Eine grosse Freitreppe führt zu den Sitzungsräumen. Im Vorderbau tagt im Saal über der Halle der Kleine Rat, der Regierungsrat. Diese getäfelte Vordere Ratsstube bildet in ihrer Ausstattung ein wahres Bijou: reich geschnitzte Deckenfriese, die ehemalige Kapelle mit dem Steinrelief einer gekrönten Muttergottes, 15 einzigartige Standesscheiben von 1519/1520, das Prunkportal von 1595. Dazu gehört auch das Original des Bundesbriefes von 1501.
Im Hinterhaus finden die Verhandlungen des Grossen Rates statt. Im Vorzimmer leuchten die Wappenscheiben der Schweizer Stände; sie sind Geschenke der Miteidgenossen zur Feier der 450jährigen Zugehörigkeit zum Bund anno 1951. Der zu Beginn des Jahrhunderts neu erstellte Saal des Grossen Rates besticht durch seine reich bemalte Decke, durch Wandgemälde mit Themen aus der Geschichte Basels sowie durch das imposante Ratsgestühl. Fragmente der Bemalung des frühen Grossrats-Saales durch Hans Holbein befinden sich im Kunstmuseum.
Die 1845 gegründete «Bank in Basel» hatte ihren Sitz im 1856—1858 von Carl von Etzel errichteten Gebäude. Diese Bank war die Vorläuferin der heutigen Basler Kantonalbank; sie gab vor der Vereinheitlichung des eidgenössischen Münzwesens auch eigene Basler Banknoten heraus.

STADTHAUS

Etwas versteckt erhebt sich inmitten der Altstadt der klar gegliederte Sandstein-Bau des Stadthauses, der Sitz der Bürgergemeinde. Spätbarock und Klassizismus sind hier eine ansprechende Verbindung eingegangen. Das Gebäude wurde 1771 bis 1775 von Samuel Werenfels für das Direktorium der Kaufmannschaft erstellt. Es war ein äusseres Zeichen der Macht und Bedeutung dieser Handels-Behörde. Sie hatte die Aufgabe, den gesamten Wirtschaftsverkehr Basels zu leiten, ihr wurde auch das offizielle Postregal übertragen. So war das Gebäude zugleich Posthaus der Stadt. Hier trafen nach genauem Fahrplan Reisende und Postsachen aus ganz Europa ein, von hier aus war Basel mit Städten und Ländern verbunden. Eine Durchfahrt führt zu einem reizenden Hof mit Laubengang, Arkaden und Brunnennische. Im Durchgang hängt das Original des Vogelschauplanes der Stadt Basel, geschaffen 1845 von Johann Friedrich Mähly. Ein Verweilen vor diesem Plan ist äusserst aufschlussreich, vermittelt er doch einen guten Eindruck vom Aussehen der Stadt kurz vor dem Niederlegen der engen Stadtmauern.
Auf einer monumentalen Treppe gelangt man zum grossen Vestibül des ersten Stockes. Das schmiedeiserne Treppengeländer mit seinen vergoldeten Rocaillen ist ein Prunkstück des Hauses. Im Vorraum fallen die Supraporten und das Schnitzwerk auf; die Wandleuchter bestechen durch die Postembleme. Die ganze Breite des Gebäudes an der Stadthausgasse nimmt der grosse Sitzungssaal ein — er ist in seinen ausgewogenen Proportionen, mit seinem Getäfer und den Verzierungen ein echtes Juwel. Das Direktorium der Kaufmannschaft hatte für seine Sitzungen einen besondern Raum ausgewählt, den mit schönen Tapisserien aus Aubusson versehenen Saal auf der Hofseite. Auf ihnen

Hôtel de ville.

spiegelt sich die Tätigkeit der Erbauer wider, das Abwickeln von Handelsgeschäften und das Verweilen im trauten Freundeskreis.
1806 und 1812 tagte im Stadthaus die Eidgenössische Tagsatzung, und auch später war das Gebäude oft der Ort wichtiger Tagungen. Im Erdgeschoss befand sich das Postbüro, in dem am 1. Juli 1845 erstmals die Briefmarken «Baslerdybli» verkauft wurden.
Seit 1877 dient das Stadthaus der Basler Bürgergemeinde, die zu ihren vielseitigen sozialen Aufgaben vor allem die Betreuung der betagten, kranken, einsamen und der Fürsorge bedürftigen Mitbürger zählt. Der Engere Bürgerrat mit sieben Mitgliedern bildet die Exekutive, der vierzig Mitglieder umfassende Weitere Bürgerrat bildet das Parlament. Der Bürgerrat hat auch die Aufgabe, die Aufnahmen ins Basler Bürgerrecht zu prüfen, denn nur durch das Bürgerrecht der Gemeinde kann das Kantons- und Schweizer-Bürgerrecht erworben werden.

UNIVERSITÄT, MARTINSKIRCHE

Eines der grössten Ereignisse in der Geschichte Basels war gewiss das 1431—1448 in seinen Mauern tagende abendländische Konzil. Während Jahren bildete die Stadt einen Mittelpunkt für geistliche und weltliche Würdenträger sowie für Gelehrte. Nach Abschluss der Tagung blieb in der Bevölkerung das Bedürfnis nach Wissenschaft, Gelehrsamkeit, Kunst und weltweitem Handel wach, und sie bemühte sich um eine Universität und um das regelmässige Abhalten von Messen. Im Jahre 1460 erliess der Basel wohlgesinnte Papst Pius II., Aeneas Silvius Piccolomini, eine Stiftungsbulle zur Gründung einer Universität. Diese Stätte der Gelehrsamkeit half mit, eine Blütezeit Basels einzuleiten. Elf Jahre später erhielt die Stadt durch Kaiser Friedrich II. das Recht zur Abhaltung zweier jährlicher Messen.

Zentrum der Universität wurde ein weites Gebäude am Rheinsprung, das nach Umbauten und einer Aufstockung noch heute Institute der Universität beherbergt. Dieses Haus, den Schalerhof, kaufte der Rat um 1460 von der Witwe des Oberstzunftmeisters Zibol für 850 Gulden. Es wurden darin sieben Hörsäle eingerichtet, je zwei für die theologische, artistische und juristische und einer für die medizinische Fakultät. Überdies enthielt das Haus eine kleine Aula, Wohnungen für Dozenten und im dritten Stockwerk einige Studentenkammern. Auch fehlte im Schalerhof der Karzer nicht, wo die Studenten «umb cleine ding und umb schuld» eingesperrt zu werden pflegten. Nach der Reformation wurde das ehemalige Augustinerkloster für Universitätsinstitute eingerichtet. Aber noch in anderen Gebäuden der Stadt fanden Vorlesungen statt. Bis 1939 behielt der Schalerhof seine Stellung als Mittelpunkt des Universitätsgeschehens; erst damals bezog die Alma mater die neuen Gebäude am Petersplatz.

Université.

Hoch über dem Universitätsgebäude am Rheinsprung erhebt sich auf einem Sporn die Martinskirche, die älteste Pfarrkirche der Stadt. Zu ihr führt das an den Romzug der heiligen Ursula erinnernde Zehntausendjungferngässlein. Die dem fränkischen Heiligen Martin von Tours geweihte Kirche wurde nach dem Erdbeben von 1356 neu aufgebaut. Die dreischiffige Kirche mit weiter Rundpfeilerarkade weist einen breiten Chor mit Sterngewölbe auf. Neben der kunstvollen Kanzel von 1497 birgt das Innere verschiedene renovierte Fresken, so ein Pestbild mit den Heiligen Martin und Laurenz. Zu St. Martin legte nach 1525 Johann Oekolampad in seinen Predigten den Johannesbrief und die Apostelgeschichte neu aus und leitete damit die Basler Reformation ein. — Das oberste Geschoss des Kirchturms diente bis zum Ende des letzten Jahrhunderts als Wächterstube, da von ihr aus der Wächter eine prächtige Rundsicht über Gross- und Kleinbasel hatte. Im Dachreiter hängen die alten Ratsglocken, die noch heute die traditionelle Herbstmesse ein- und ausläuten.

OBSERVATORIUM

Der 2. Juni des Jahres 1874 war für die Universität der Rheinstadt ein Festtag, denn damals konnte in der Nähe des Spalentors ein notwendiger Neubau seiner künftigen Verwendung übergeben werden. Basel feierte die Eröffnung des im klassizistischen Stil erbauten Bernoullianums. Architekt war Johann Jakob Stehlin, dem Basel auch weitere markante öffentliche und private Bauten verdankt, so das Gerichtsgebäude, den Musiksaal, die Kunsthalle. An die Kosten des Bernoullianums zahlte der Staat nur etwa 10 Prozent. Das Gebäude wurde von der Bürgerschaft der Universität zu ihrer Vierhundertjahr-Feier (1860) geschenkt. Das Baugelände war von der Stadt zur Verfügung gestellt worden.
Vom Museum an der Augustinergasse übersiedelte sogleich die Physikalische Anstalt in die neuen Räume. Besondere Beachtung fand ein amphitheatralisch aufgebauter, 450 Personen fassender Hörsaal. Er eignete sich für Vorlesungen und Demonstrationen und diente ferner als Saal für die öffentlichen populären Vorträge, die seit je in Basel gut besucht werden; sie vermitteln einen trefflichen Kontakt zwischen Universität und weiten Bevölkerungskreisen.
Bedeutende Episoden in der Entwicklung der neuen Anstalt im Zentrum des späteren Universitäts-Quartiers bildeten 1878 die Aufstellung astronomischer Instrumente in der den Bau überragenden Kuppel und 1881 die Installation eines Gasmotors sowie einer Dynamomaschine mit den nötigen Einrichtungen für Projektion mit elektrischem Licht. Weitere Veränderungen gab es im Bernoullianum durch den Auf- und Ausbau einer Chemischen Anstalt und durch die Einrichtung des Instituts für Astronomie im 2. Stockwerk. Nach dem späteren Auszug der Institute für Physik, Chemie und Astronomie beherbergt heute das

Bernoullianum die Lehr- und Forschungsstätten für Geologie, Mineralogie und Geographie.

Beim Bau musste 1874 ein Teil einer früheren Schanze des äusseren Befestigungsringes abgetragen werden. Noch jetzt sind hinter dem Bernoullianum weitere Partien des Walles erhalten. — Der Name des Gebäudes bezieht sich auf die bedeutende, weltweit bekannte Basler Mathematikerfamilie Bernoulli, die nach der Verfolgung der Protestanten in Antwerpen nach Basel zog und hier 1622 eingebürgert wurde. Unter den Gelehrten der Universität Basel und anderer Städte waren Glieder der Familie immer wieder überragende Dozenten.

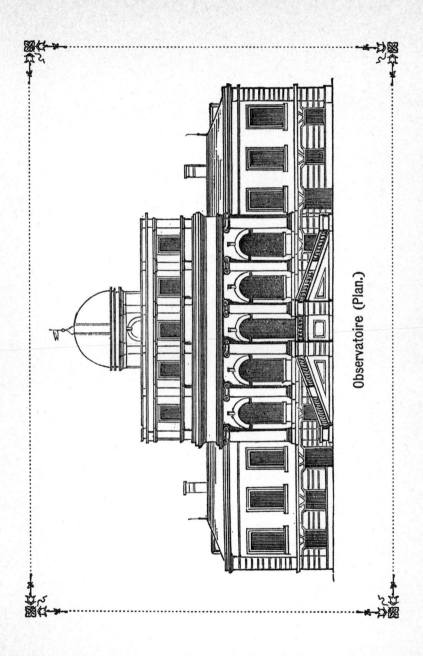

Observatoire (Plan.)

MUSEUM

Obwohl Basel mit über 20 verschiedenen berühmten und sehr berühmten Museen aufwarten kann, wird dasjenige an der Augustinergasse noch vielfach als «das» Museum betrachtet. Seine Erstellung war eine grosse weitsichtige Tat, denn hier wurden für einige Zeit all die unschätzbaren Sammlungen erstmals zusammengebracht und klar präsentiert. Der Bau nimmt zwar inmitten der Altstadt einen breiten, zu wuchtigen Platz ein, er sollte von einer örtlichen Distanz her gewürdigt werden, was leider nicht möglich ist. In den Jahren 1844—1849 schuf der Basler Architekt Melchior Berri auf dem Areal des früheren Klosters der Augustinereremiten dieses Monumentalwerk klassizistischer Baukunst.

Die Fassade des klar gegliederten Baus wirkt ernst, ruhig und sachlich, die vertikale Linienführung wird durch streng geformte Pilaster betont. Das Aufwärtsstreben erhält aber durch ein gross angelegtes Fries einen starken Gegensatz. In sieben gewaltigen Feldern hat Johann Jakob Öchslin aus Schaffhausen die sieben freien Künste in einer ansprechenden Art dargestellt. Leider ist es wegen des engen Strassenzuges unmöglich, die Skulpturen voll zu erfassen. Im Treppenhaus des Museums hat Arnold Böcklin in den Jahren 1868—1869 monumentale Fresken mit hellenisch-mythologischen Motiven und fast lebensgrossen Figuren geschaffen. Im gelehrten Basel spielt die Aula des Museums, die sogenannte «Alte Aula», eine wichtige Rolle. Bis zur Eröffnung des Kollegiengebäudes am Petersplatz diente der gediegene Raum der nahen Universität als Aula und Promotionsort. Die im ganzen Saal aufgehängten Porträts von Basler Gelehrten geben dem Raum und dem jeweiligen Anlass einen ausgesprochen würdigen Rahmen. Viele Universitätsfeiern, zahlreiche Preisverleihungen und Vorträge werden hier durchgeführt.

Musée.

Das Haus diente zuerst als Öffentliche Universitätsbibliothek und als Hort der naturwissenschaftlichen, zoologischen und antiquarischen Sammlungen, besonders aber auch als Gemälde-Galerie. Jede einzelne Sammlung weist ausserordentlich viele Objekte auf, die einmalig und äusserst kostbar sind. Das Museum an der Augustinergasse war daher immer ein beliebter Treffpunkt der fremden Besucher und der Basler. Heute gliedert sich das Museum in zwei selbständige Museen auf, das Naturhistorische Museum und das Völkerkunde-Museum. Ihre Schätze sind von höchstem Wert.

KUNSTHALLE

Zentrum der Basler Künstler ist seit 1872 die Kunsthalle am Steinenberg. Ihr grosser Oberlichtsaal im 2. Stock wurde wegen seiner Belichtung seit Beginn von den Malern weitherum gerühmt. Es war wiederum Johann Jakob Stehlin, der als Architekt das Gebäude entwarf. Der streng klassizistische Neubarock des Unterbaus und die ausgewogenen Formen des Bauwerkes verdienen Anerkennung. Die Dachwölbung des Oberlichtsaales bringt eine etwas barocke Note ins Ganze. An der Gartenfront sind Sandsteinmasken von Arnold Böcklin angebracht, es sind Karikaturen stadtbekannter Persönlichkeiten (1871). Die beiden Reliefs am Steinenberg schuf Charles François Iguel aus Genf.
Nach zwei Jahren Bauzeit war die Kunsthalle bezugsbereit. Die nötigen Finanzen stammten teilweise aus dem 1854 durch den Kunstverein eröffneten ersten Fährenbetrieb an der Stelle der Wettsteinbrücke, später kamen weitere Fähren dazu. Das Restaurant bildet seit Anbeginn einen beliebten Treffpunkt von Künstlern aller Richtungen und Gattungen: Schauspieler, Maler, Architekten, Bildhauer. Zum Glück ist es nicht modernisiert. Die bacchantischen Wandmalereien «Wein, Weib und Gesang» stammen von Carl Brünner (um 1879).
Die Ausstellungen des Kunstvereins gehen meist über den lokalen und regionalen Bereich hinaus und befriedigen höchste Ansprüche: 1927 van Gogh, 1928 Gauguin, 1933 Henri Rousseau, 1951 Les Tapisseries d'Angers, 1953 Goya, 1954 Dufy, 1957 Léger, 1960 Meisterwerke griechischer Kunst, 1962 Hans Arp. Hier fand die erste nationale Kunstausstellung am Jahrhundertende statt und 1897 die erste internationale Böcklin-Ausstellung. Geschätzt sind die Gedächtnis- und Weihnachtsausstellungen.
Die Kunsthalle blieb mit ihrem neobarocken Charakter nicht lange allein am Steinenberg; denn drei Jahre später, 1875, konn-

te das ebenfalls von Johann Jakob Stehlin erbaute Theater eröffnet werden. Am 7. Oktober 1904 brannte es ab, wurde dann aber nach den alten Plänen neu aufgebaut und lud 1909 zu neuen Aufführungen ein. In unserer Zeit wird der Steinenberg durch den Theaterneubau ein anderes Gepräge erhalten.

Halle des arts.

SPITAL

In der Geschichte der Krankheitsbekämpfung in Basel nimmt das Jahr 1874 einen wichtigen Platz ein, denn nach englischem Vorbild wurde damals in der Rheinstadt die erste allgemeine Poliklinik des europäischen Kontinentes für unentgeltliche Behandlung armer kranker Kantonsbewohner gegründet.
«Spital» wird 1874 das grosse Gebäude, das einzige fürstliche Palais Basels, an der Neuen Vorstadt (heute Hebelstrasse) genannt. Und in der Tat beherbergt es seit 1838 kranke Bürger. Die Betreuung der Kranken gehört seit Jahrhunderten zu den wichtigsten und vornehmsten Pflichten der Stadt. Die Gründung des ersten städtischen Spitals — es lag neben dem Barfüsserkloster an der Oberen Freien Strasse — erfolgte zur Zeit der starken Zunahme der politischen Macht und Stellung Basels, in der Mitte des 13. Jahrhunderts.
Der Spitalbau von 1874 war aber zu ganz anderen Zwecken erbaut worden, in seinen Hallen war einst freudvolles Leben anzutreffen — es war die ehemalige Basler Residenz der Markgrafen von Baden-Durlach. Die Herrscher des im Norden an Basel grenzenden Reichsgebietes besassen in der Stadt am Rheinknie schon lange ein Absteigequartier, eine Durchgangsstation auf Reisen und einen Zufluchtsort in Kriegszeiten, zuerst an der Augustinergasse, dann während des Dreissigjährigen Krieges am Rheinsprung, später an der Neuen Vorstadt. Nach einem Brand erfolgte am 16. Juni 1698 durch Markgraf Friedrich Magnus die Grundsteinlegung des neuen Baues in französischem Stil. Die Pläne für den dreigeschossigen Haupttrakt mit kaum merklichen Mittel- und Seitenrisaliten entwarf Ingenieur de Risse, der Stiche von A. C. Duviler kopierte. Die Gartenfassade bildet die eigentliche Hauptfront. Die Bausteine stammten zum Teil vom kurz vorher geschleiften badischen Brückenkopf der Festung

Hôpital.

Hüningen; die Leitung lag in den Händen von Fachleuten aus Hüningen.
1705 wurde das Haus bezogen, 1736—1739 durch Archiv- und Prinzenbau (linker Flügel) erweitert. Der Palast beherbergte vor allem die reichen Sammlungen der Markgrafen. Seit der 2. Hälfte des 18. Jahrhunderts benützten die Markgrafen ihre Basler Residenz immer weniger; das im Herrschaftsgebiet gelegene Karlsruhe wurde eigentlicher Mittelpunkt. 1788 weilte letztmals ein Markgraf im Palast. Zwanzig Jahre später kaufte die Stadt den Bau mit dem grossen gepflegten Terrassen-Garten mit alten Bäumen und einer berühmten Tulpenzucht. Bei der Versteigerung der Sammlungen konnte sich Basel viele auserlesene Objekte sichern. Umfassende bauliche Veränderungen wurden bei der Übernahme durch das Bürgerspital 1838—1842 vorgenommen. Im Innern sind die Eingangshalle mit gemeisselten Blumenornamenten und Stukkaturen sowie die Hauskapelle noch heute sehenswert.
An der gleichen Strasse erheben sich noch weitere bedeutende Bauten, so der Gyrengarten (Nr. 7), das Brunschwiler Haus (Nr. 15) und der alleinstehende Holsteinerhof, der am Anfang der Barockbauten Basels steht (1752). Der Bau weist eine reizvolle Fassade und eine bemerkenswerte Innenausstattung auf. Als Ort der Unterzeichnung des Friedens von Basel zwischen Frankreich und Preussen am 5. April 1795 ging der Holsteinerhof in die europäische Geschichte ein. Hier schrieb auch der einstige Besitzer Peter Ochs seine «Geschichte der Stadt und Landschaft Basel».

KINDERSPITAL

Der Basler hat einen besonderen Willen zum Helfen, um das Gemeinwohl zu unterstützen; was er während Jahren zusammengetragen hat, ist er bereit, für einen guten Zweck teilweise zu verschenken. Bei mancher Gelegenheit ist er in Fragen des Geldes eher zurückhaltend, der Ausspruch «me git nyt» ist in Basel keine blosse Floskel. Die gleiche Person kann aber in wohltätiger Absicht tief in den Geldbeutel greifen, wofür sich vielfältige Möglichkeiten bieten.
Auch bei der Errichtung des Kinderspitals steht eine wohlhabende Dame Patin, die ein gutes Werk errichten wollte: Frau Anna Elisabeth Burckhardt-Vischer, eines der zehn Kinder des Ratsherrn Peter Vischer vom «Blauen Haus». Ihr Werk sollte in christlicher Liebe gegründet, in christlicher Treue begonnen und fortgesetzt, den Zweck erfüllen, kranken Kindern zur Heilung und, wenn möglich und notwendig, zu fernerem Fortkommen verhelfen. Aufnahme sollte jedes kranke Kind aus Basel und seiner Umgebung finden, ohne Rücksicht auf Heimat, Herkommen oder Religion. Den Armen war, soweit die Mittel es erlaubten, unentgeltliche Aufnahme zugesichert.
Schon 1846 hatte Frau Burckhardt im Haus «Zum Kränzlein» an der St. Johanns-Vorstadt 39 ein kleines Spital für Kinder eröffnet. Mit ihren beiden Schwestern Charlotte His-Vischer und Juliana Birmann-Vischer errichtete sie 1852 die Stiftung «Kinderspital in Basel». Dem Wunsche der drei kinderlosen Witwen gemäss wurde das «Kinderspitäli» durch einen grösseren Spitalbau ersetzt. Nahe bei St. Theodor ausserhalb der Stadtmauern fand sich ein geeignetes Grundstück. Architekt des spätklassizistischen Gebäudes war Daniel Burckhardt, Schöpfer aller baulichen Einrichtungen aber Prof. Carl Streckeisen. Im Januar 1862 fand die Einweihung des neuen Kinderspitals statt,

in dem 40 Kinder aufgenommen werden konnten. An Kostgeld mussten pro Tag 50 Rappen bezahlt werden. Im ersten Jahr wurden 120 Patienten gepflegt, 1874 waren es deren 270; der Kostenaufwand betrug damals 48 337 Franken. Die starke Frequenz und die Entwicklung der Medizin verlangten immer wieder Renovationen und Ausbauten. 1930 wurde das alte Spital abgebrochen, ein moderner Neubau kam an seine Stelle.

Hôpital d'enfants.

RHEINBRÜCKE, HOTEL DREI KÖNIGE

Die Rheinbrücke in Basel ist für die Stadt geradezu ein Symbol geworden, denn die Stadt selbst nimmt in ihrer langen Geschichte stets eine Brückenstellung ein: Brücke zwischen Völkern, Staaten und Kulturen, oft aber auch verbindende Brücke zwischen streitenden Parteien.
Aus den Jahren 1225/1226 stammt die erste Basler Brücke. Sie entstand im Zusammenhang mit dem starken Anstieg des Nord-Süd-Verkehrs seit der Eröffnung des Gotthardpasses und war lange Zeit der einzige feste Rheinübergang zwischen dem Bodensee und dem Meer. Bischof Heinrich von Thun gilt als der eigentliche Initiant des wichtigen Werkes. Zur Finanzierung des kostspieligen Baus versetzte der Stadtherr sogar den Kirchenschatz. Die Brücke war während Jahrhunderten mehrmals Schauplatz wichtiger politischer Ereignisse. Nachdem sie durch Hochwasser oft beschädigt wurde, 1555 sogar zusammenbrach, erhielt die Brücke auf der Kleinbasler Seite sechs steinerne und auf dem steileren Grossbasler Ufer sieben hölzerne Pfeiler. Ihre Breite betrug damals 28 Fuss, die Länge 630 Fuss. Zur Beschwerung wurden um 1855 zweiundzwanzig Steinbänke hingesetzt. In der Mitte der Brücke steht seit 1392 als Zeichen der Dankbarkeit über den Zusammenschluss von Gross- und Kleinbasel eine kleine Kapelle. Der Ort hatte «in der barbarischen Criminal Justiz früherer Jahrhunderte eine traurige Bestimmung: vor ihr wurden die des Ehebruchs und der öffentlichen Unzucht überwiesenen Personen dem Hohne des Volkes preisgegeben, und an dieser Stelle stürzte man zur Zeit der Hexenprozesse und Gottesurteile die armen Opfer des blinden Fanatismus in den Strom, um sie (natürlich meist ertrunken) weit unten, da wo die Rheinschanze sich befand, wieder aufzufangen.» Gegenüber der Kapelle (dem «Käppelijoch») stand ein dreiseitiges Türmchen mit

Pont du Rhin & Hôtel des trois rois.

einer öffentlichen Skala der Längen-Masse, einem Barometer und einem Thermometer; 1911 wurde an der Schifflände ein neues Wetterhäuschen aufgestellt. — Nach heftigen Diskussionen konnte 1899 der Bau einer neuen Rheinbrücke beschlossen werden, sie war 1905 vollendet und dient noch heute dem städtischen Verkehr. Bereits vorher wurden weitere Brücken eröffnet: 1873 die Eisenbahn-Verbindungsbrücke zwischen dem Badischen Bahnhof und dem Centralbahnhof, 1879 die Wettsteinbrücke, 1882 die Johanniterbrücke.

An prächtiger Lage neben der Brücke auf Grossbasler Seite erhebt sich seit Jahrhunderten am Rhein der Gasthof «Drei Könige»; er wird 1245 unter dem Namen «Blume» erstmals erwähnt. Erst 1861 erfolgte seine Umbenennung. Nach einer weitverbreiteten Ansicht geht der Name auf das 1026 in Basel abgehaltene Königstreffen zurück. — Der Gasthof gehörte schon in frühester Zeit zu den vornehmsten Gaststätten der Stadt, eine Tradition, die er bis heute bewahren konnte. In ihm stiegen, wie das Gästebuch zeigt, seit je Kaiser, Könige und viele Persönlichkeiten aus Politik, Wirtschaft und Kultur ab. Erwähnt sei einzig Napoleon Bonaparte, der 1797 von der Hotel-Terrasse aus erstmals den Rhein erblickte, den Fluss, der in seinen späteren Plänen einen breiten Raum einnehmen sollte.

Am Ende der 1830er Jahre wurde das alte Brückentor abgerissen und der Brückenkopf neu gestaltet. Damals entstanden durch den Architekten Amadeus Merian das heutige Café Spitz und schräg gegenüber das 1844 vollendete Hotel «Drei Könige». In seinen Arbeiten distanzierte sich Merian vom Klassizismus und betonte einen neobyzantinischen Stil, der den Bau gediegen hervorhebt und der Grossbasler Rheinfront ein speziell vornehmes Gepräge verleiht.

CAFÉ NATIONAL — CAFÉ SPITZ

Die älteste rechtsrheinische Siedlung Kleinbasels lag rund um die Theodorskirche. Erst durch den Bau der Rheinbrücke verlagerte sich ihr Zentrum als planmässig erstellter Brückenkopf rheinabwärts. Bis zur Vereinigung mit Grossbasel im Jahre 1392 bildete Kleinbasel, das rechtlich dem Bischof unterstand, eine selbständige Stadtgemeinde. Sitz des Schultheissen und des Rates war das Rathaus, das seit 1289 auf der oberen Seite des Brückenkopfes stand. Nach der Vereinigung mit Grossbasel wurde das Rathaus ausschliesslich Richthaus, das heisst Sitz des Kleinbasler Stadtgerichtes, das bis zur Staatsumwälzung am Ende des 18. Jahrhunderts im Amt war.
Das Richthaus diente der Bürgerschaft auch als Versammlungsort und als Stätte der offiziellen Eidesleistung. Den Kern der Kleinbasler Bevölkerung, der am Schwörtag besonders in Erscheinung trat, bildeten die Drei Ehrengesellschaften mit ihren Ehrenzeichen: Vogel Gryff, Leu und Wilder Mann. Nach dem Auszug aller öffentlichen Büros gelangte der Bau in den Besitz der Ehrengesellschaften, die hier ein eigenes Gebäude erstellen wollten, «das in jeder Beziehung eine Zierde der Stadt sein sollte». Die Pläne entwarf Bauinspektor Amadeus Merian. Im April 1838 fand die Grundsteinlegung des neuen Gesellschaftshauses statt. Drei Jahre später wurde das Gebäude eingeweiht, es war programmgemäss fertigerstellt worden. Offiziell erhielt die darin sich befindliche Gaststätte den Namen Café National. Die Wirtschaftsempfehlung lautete: Café National Basel, an der Rheinbrücke, Rendez-vous für alle Fremde, Grosse Terrasse mit schönster Aussicht auf Brücke und Stadt, Billards, grosse elegante Säle für Bälle und Concerte ...». Der Name «Café National» bürgerte sich nie ein. Die Basler nannten das Haus «Café Spitz» und dachten dabei an das kleine quadratische spitze

Türmchen über der Uhr, mit dem Amadeus Merian das Gebäude in Erinnerung an das Türmchen des alten Richthauses gekrönt hatte.

Schon kurze Zeit nach dem Bezug genügte der Bau den wachsenden Bedürfnissen nicht mehr. 1860 wurde der Erweiterungsbau bezogen. Zu Beginn des 20. Jahrhunderts wurde ein Neubau geplant, der aber wegen der Kriege erst wieder 1947 zur Diskussion stand. Nach langem Hin und Her wurde in einem teilweisen Abbruch und einer Renovation die beste Lösung gefunden. 1972 entstand das alte vertraute Café Spitz am Brükkenkopf Kleinbasels in neuem alten Glanz, an dem sich nicht nur der Kleinbasler, sondern ganz Basel freut. Stolz aber dürfen die Kleinbasler Ehrengesellschaften sein, denn hier haben sie ein neues gediegenes Kleinbasler Zentrum geschaffen, das wie die Ehrengesellschaften selber mithilft, das Selbständigkeits-Bewusstsein der rechtsrheinischen Basler zu festigen und zu fördern.

Café National.

KASERNE

Die Grenzlage Basels bedingte seit je eine starke Garnison und die Möglichkeit, Truppen gut unterbringen zu können. So hatte die Stadt im Verlauf der Geschichte viele Einquartierungen und Truppendurchmärsche. Auch in der modernen Eidgenossenschaft war Basel lange Zeit ein geschätzter Waffenplatz. Zentrum des Militärs war die Kaserne unterhalb der Rheinbrücke neben dem früheren Klingental-Kloster. Das markante Bauwerk stammt ebenfalls aus der Zeit der starken Entwicklung Basels in der Mitte des 19. Jahrhunderts.

Den Abschluss des mittelalterlichen Kleinbasel rheinabwärts bildete seit 1274 das vornehme Kloster Klingental, dessen Kirche zwischen 1278 und 1293 erbaut wurde. Bald war eine Erweiterung nötig. So kam es zum Bau des Grossen Klingentals. Nach der Reformation fielen Güter und Gebäude der Stadt zu, die sie für die Verwaltung benötigte. Das Kleine Klingental bildet heute den würdigen Rahmen für das Stadt- und Münstermuseum. Die Kirche diente als Lagerhalle. Das Grosse Klingental beherbergte schon im 17. Jahrhundert die Truppen der Basler Garnison. Als die französischen Revolutionsheere unser Land besetzten, musste für 500 Mann Unterkunft bereit gestellt werden. 1804 wurde das Grosse Klingental zur Kaserne umgewandelt. Die Klingentalkaserne konnte ihre Aufgaben aber nur teilweise erfüllen, waren doch die Räume für einen ganz anderen Zweck errichtet worden. Die Verhältnisse gaben zu zahlreichen Klagen Anlass, zudem wurden ein Pferdestall und eine Reitschule gefordert. Lange Zeit aber geschah nichts Entscheidendes; die politische Situation verdrängte die Ausbau-Pläne. Prekär war die Lage, als im Neuenburger-Handel 1856/1857 während der Grenzbesetzung Truppen General Dufours in Basel untergebracht werden sollten, 700 Mann und 150 Pferde. Jetzt kam es

Caserne.

zur Erörterung eines Neubaus. Johann Jakob Stehlins d. J. Vorschlag wurde gutgeheissen, doch sollten Abstriche vorgenommen werden. Das Projekt sah eine Kaserne für ein Bataillon Infanterie und eine Batterie Artillerie, also für rund 1000 Mann vor; der Bau sollte 600 000 Franken kosten. Als Einsparung sah Stehlin vor, die Klosterkirche nicht abzureissen, sondern durch Stockwerke zu unterteilen und in den Neubau einzugliedern. Ende 1860 begannen die Bauarbeiten; die Klostergebäude des Grossen Klingentals wurden niedergerissen und an ihrer Stelle ein neogotischer Bau mit zwei zinnenbewehrten Ecktürmen erstellt. Er wurde markantes Wahrzeichen des unteren Kleinbasel. Am 27. September 1863 fand die Einweihungsfeier statt. Nach einem Festgottesdienst in der Martinskirche erfolgte in der Reitschule die Schlüsselübergabe. Der Schlüssel war versilbert, besass einen Messinggriff und kostete 15 Franken. Bei der Feier wurde betont, dass die Kaserne nicht aus Prunkliebe errichtet worden sei, sondern dass der Neubau einem dringenden Bedürfnis entspreche. Nach einer Inspektion der Truppe, einigen Manövern und einem Defilee klang die Feier mit einem «kameradschaftlichen Mittagessen» aus.

Der Bau wies verschiedene Mängel auf, die in den kommenden Jahren Reparaturen und Umbauten verursachten. Die Kaserne wurde bald durch zahlreiche Kurse und Schulen belegt, 1870 auch durch Internierte der Bourbaki-Armee. 1872 fanden in Basel Kurse der Sanitätstruppen statt, von 1874 an regelmässige Sanitäts-Rekrutenschulen. Seit 1967 ist Basel nicht mehr Waffenplatz der Sanität, und der grosse Bau der Kaserne dient als Schulhaus; in den Stockwerken der Kirche fanden Künstler mit ihren Ateliers Unterkunft. Das Schicksal des alten Baus und des weiteren Areals ist noch unbestimmt.

FISCHMARKTBRUNNEN

In seiner grossartigen Stadtbeschreibung von Basel kam Aeneas Silvius Piccolomini, Sekretär am Konzil, späterer Papst Pius II. und Grüder der Universität, auch auf die Brunnen der Stadt zu sprechen: «Auch Plätze haben sie, die nicht zu verachten sind. Hier stehen schöne Brunnen, denen klares und köstliches Wasser entströmt; es gibt aber auch in allen Gassen deren sehr viele, nicht einmal Viterbo in Umbrien ist so reich bewässert. Wer Basels Brunnen zählen wollte, müsste gleich auch seine Häuser zählen.» Damals sprudelten in der Stadt 40 öffentliche Brunnen, weitere 22 standen in den Klöstern. Heute spenden rund 250 Brunnen, davon über 180 auf öffentlichem Grund, das köstliche Nass. Durch die Einführung der modernen Wasserversorgung im Jahre 1866 verloren die Brunnen ihren eigentlichen Zweck. Jeder der Brunnen ist in seiner Art aber etwas Besonderes, jeder wurde als Kunstwerk geschaffen. Immer wieder kamen neue Ideen zur Ausführung, alles zum Schmuck der Plätze und Gassen.

Der kostbarste Basler Brunnen ist gewiss der Brunnen auf dem Fischmarkt, gilt er doch als bedeutendster gotischer Pfeilerbrunnen der Schweiz. 1433 schrieb ein Venetianer in sein Tagebuch: «Ebenso ein anderer Platz, wo man Fische verkauft und ein sehr grosser Brunnen mit unserer lieben Frau und zwei Heiligen darauf, worein die Fischer ihre Kästen tun, wenn der Tag dafür da ist.» Schon auf dem Brunnen von 1390 standen Maria mit dem Kind, Petrus mit dem Schlüssel und Johannes mit Bibel und Kelch; diese Figuren gehen auf die Parlerschule zurück. Die mit einem Friedensengel gekrönte gotische Fiale wurde von Jakob Sarbach überarbeitet; sie gleicht einem in Stein gehauenen Gold-Schmuckstück und einem Teil eines Vortragskreuzes oder einer Monstranz. Die Statuen über den Ecksäulen versinnbildlichen die Gerechtigkeit (Katharina mit dem zerbrochenen Rad und dem Schwert), die Beharrlichkeit (Barbara mit dem dreifenstrigen Turm) und die Liebe (Agnes mit dem Lamm und dem Szepter). Die kleinen Statuen an den Auskragungen der Baldachine stellen Propheten dar. Drei musizierende und drei schildtragende Engel schliessen den reichen Figurenkranz ab. Nachts, wenn der Verkehr nicht mehr am Brunnen vorbeibraust, dann erwacht der Brunnen zu neuem Leben, und der Betrachter glaubt sich um Jahrhunderte zurückversetzt.

Fontaine du marché aux poissons.

POST

An der Freien Strasse, der von den Baslern besonders geschätzten Ladenstrasse, stehen trotz vieler Neu- und Umbauten noch einige Zeugen vergangener Jahrhunderte, vor allem des 19. Jahrhunderts.
Auf dem Areal der Gerbergasse und Freien Strasse stand das 1376—1378 erbaute Kaufhaus, das im Alltag der Stadt eine grosse Bedeutung besass, denn hier wickelte sich der eigentliche Gross- und Kleinhandel ab. Es war Lagerhaus, Waagstätte, Engrosmarkt und Zollstelle und erfüllte seine Aufgaben bis in die Mitte des letzten Jahrhunderts. Nach der starken Zunahme des Güterverkehrs um 1840 zeigte sich ein ständiger Platzmangel. Durch die Benützung der Strasse als Auf- und Abladeplatz stockte in der Innerstadt der Durchgangsverkehr oft. Diese Situation wurde erst beseitigt durch den Bau des neuen Kaufhauses am Barfüsserplatz; seine Eröffnung erfolgte im Juni 1846. Das alte Kaufhaus wurde damals zum eidgenössischen Postgebäude umgebaut; seine zentrale Lage war sehr vorteilhaft. Nachdem all die Umbaupläne nicht befriedigten, konnte der damals aus dem Ausland zurückgekehrte Sohn des späteren Bürgermeisters Johann Jakob Stehlin die Projektion an sich reissen. Er richtete den Hauptbau des Kaufhauses für die Post ein und beschränkte die Neubauten auf das noch heute bestehende Gebäude an der Freien Strasse. Es wurde 1853 aus rotem Sandstein errichtet. Stehlin behielt die Arkaden des Hofes bei. Seine Konzeption entsprach dem damaligen Postverkehr, der fast ausschliesslich von Postwagen beherrscht wurde. Diese übernahmen die Beförderung von Passagieren, sowie die Briefe und Pakete; der gedeckte Hof leistete dafür gute Dienste.
Nachdem sich der Postbetrieb durch das Aufkommen der Eisenbahn völlig gewandelt hatte, nahm der Brief- und Paketversand

Hôtel des Postes.

gewaltig zu. 1873 wurde ein vollständiger, auch das alte Kaufhaus umfassender Neubau beschlossen. Wiederum erhielt Stehlin den Projekt-Auftrag. Er sah im Innern des Gebäudes ein grosses öffentliches Postbüro vor, in dem die Postkunden an den ringsum aufgestellten Tischen direkt mit den Beamten verhandeln konnten. Der Entwurf enthielt im gesamten eine etwas unglückliche Mischung von Formen der Gotik und der Renaissance. Auf Grund politischer Machenschaften wurde das Projekt nicht mehr weiterverfolgt, ein Vorgehen, das eine eigentliche Staatskrise hervorrief. Der Vertrag mit Stehlin wurde aufgelöst. Der Wiener Dombaumeister Professor von Schmidt behielt die Pläne von Stehlin bei, wählte aber eine schlichtere, für Basel zutreffendere Gotik; er setzte dem Postgebäude «eine Wiederholung der Basler Rathausfassade als Mittelbau» vor.
1877 hörte das gegenseitige Gezänk auf, der Grosse Rat bewilligte die Baupläne, und 1881 konnte die neue Hauptpost bezogen werden, nachdem die Büros vorübergehend in der Barfüsserkirche eingerichtet worden waren.
Der Brunnen an der unteren Freien Strasse wurde 1380 erstmals erwähnt, sein Name «Steblinsbrunnen» stammt von den Bewohnern eines dortigen Hauses. Ums Jahr 1530 wurde der Brunnen erneuert, der Stock erhielt als Bekrönung die Figurengruppe Samson und Dalila. 1878 kam diese Gruppe beim Abbruch des Brunnens wegen Verbreiterung der Rüdengasse auf den Barfüsserplatzbrunnen.

BARFÜSSERKIRCHE UND ZOLLSTÄTTE, KAUFHAUS

Der Barfüsserplatz wird seit Jahrhunderten beherrscht vom wohl eindrücklichsten Bauwerk der Bettelordens-Architektur nördlich der Alpen. 1231 kamen die ersten nach der Regel des hl. Franz von Assisi lebenden Mönche nach Basel. Im Jahre 1250 wurde ihnen vom Bischof der innerhalb der Stadtmauern liegende Allmendplatz zum Bau eines Klosters zugewiesen. Kurz darauf entstanden die ersten Gebäulichkeiten und die Kirche. Bereits 1298 wurde die ganze Anlage durch einen Brand zerstört. Der etwas grössere und reichere Neubau von Chor und Schiff erfolgte in den ersten Jahrzehnten des 14. Jahrhunderts, er entsprach in seiner Schlichtheit dem Bauprogramm des Bettelordens. Der ungewöhnlich hohe Chor gilt als einer der schönsten hochgotischen Chöre der Schweiz. Aus dem 15. Jahrhundert stammen im Innern die Wandmalereien an der Westwand. Nach der Auflösung des Klosters, 1529, diente der Chor als Fruchtschütte. Ab 1794 waren im ganzen Kirchenraum Kaufmannsgüter gestapelt, 1799 sogar Salz, das den Sandstein anfrass.
Der davor liegende, etwas abfallende Barfüsserplatz erhielt seine Weite im 16. Jahrhundert: «In diesem 1529 jar brach man die muren um das Barfüserkloster ab vom Eselsdürmly (unten am Steinenberg) bisz herum zu der mülly und macht usz dem garten und dem kilchhof ein blatz und wart ein Holzmarkt darausz gemacht». Holz und Kohle, aber auch Heu und Stroh wurden auf dem Platz vor dem alten Kloster gehandelt, er wurde «Neuer Platz» genannt. Immer wieder hatten hier grössere Märkte und Messen stattgefunden. «Seibi» wird der Platz im Volksmund geheissen, weil dort seit je die Schweinehändler ihre Stände und Einfassungen hatten; später erfolgte die Verlegung des Schweinemarktes an den Steinenberg und dann vor das Steinentor. Im Religionsunterricht von Pfarrer Heinrich Meyer

(1806—1893) hiess es jeweils vor der Messe: «Knabe göhnd nit uff der Säuplatz; er isch Säuplatz für d'Jugend!»
Einen völlig neuen Akzent erhielt der Barfüsserplatz im Jahre 1845, als zum Ersatz für das alte Kaufhaus zwischen Gerbergasse und Freie Strasse neben der gotischen Barfüsserkirche auf dem Areal des früheren Spitals ein pompöses und störend wirkendes neues Kaufhaus mit Zollstätte erbaut wurde. Die Kirche selbst diente als Lagerhalle des Kaufhauses. Auf dem neugestalteten Platz wurde gleichzeitig ein einfacher Brunnen errichtet. Die Herrlichkeit des grossen, durch seine drei Portale auffallenden Kaufhauses dauerte aber nicht lange. 1876 wurde es wieder abgerissen, da der Platz für den Bau des Musiksaales benötigt wurde. Auch der Kirche drohte 1882 der Abbruch, die Töchterschule sollte an ihrer Stelle gebaut werden. Doch es kam nicht soweit. 1894 gelangten nach einer umfassenden Renovation die verschiedenen wertvollen historischen Sammlungen in der Barfüsserkirche zur Aufstellung; sie behielten ihren Platz bis in die allerneueste Zeit.

Douane & Eglise des cordeliers.

GERICHTSGEBÄUDE

Würdig und monumental musste die Fassade des Gerichtsgebäudes sein — darüber waren sich die Basler einig. Doch es gab längere Auseinandersetzungen.
Während Jahrhunderten diente das Rathaus am Kornmarkt auch als Gerichtsort; darauf weisen noch heute viele Inschriften und Malereien am Rathaus. Die räumlichen Verhältnisse verlangten aber im 19. Jahrhundert eine andere Lösung — an der Bäumleingasse sollte sie gefunden werden. Hier stand der Münchenhof, der früher der Familie Münch von Landskron gehört hatte. 1416 erwarb das Domstift das Gebäude und machte daraus ein Verwaltungsgebäude, das bald den Namen «Präsenzerhof» erhielt, denn hier residierte die «Präsenz», die «Praesentia chori», welche die im Chordienst tätigen Chorherren und Kapläne honorierte. Auch nach der Reformation blieb hier die Verwaltung des Fonds ansässig, sie unterstand nun der städtischen Obrigkeit. Ende des 16. Jahrhunderts wurde die Liegenschaft an verschiedene Amtspersonen vermietet. 1761 konnte darin die ständige Gerichtsschreiberei samt Amtswohnung eingerichtet werden. 1807/08 erfolgte der Einbau eines besonderen Gerichtssaales für das mit Zivilfällen beschäftigte Stadtgericht; das Kriminalgericht tagte im Lohnhof. Doch ein zentrales Gerichtsgebäude drängte sich auf. Lange stritt man sich über den Standort: Garten des Rathauses an der Martinsgasse, Spiesshof oder Areal des Steinenklosters.
1856 liess der Rat einen Wettbewerb für ein Gerichtsgebäude auf dem Areal des Präsenzerhofes ausschreiben, es sollte das Zivilgericht, das Kriminalgericht, das Polizeigericht und die Hypothekenverwaltung aufnehmen. Die Eingabefrist lief bereits nach sechs Wochen ab. Acht Architekten beteiligten sich an der Ausschreibung, ein erster Preis wurde nicht vergeben, doch ein

Palais de justice.

Dreier-Ausschuss entschied im Oktober 1856, den Architekten Johann Jakob Stehlin mit der Ausführung des Baus zu beauftragen. Dieser meinte, «dass die Gerechtigkeit in Basel sehr schlecht logiert sei». Sein Projekt stand unter dem Motto «Chi entra in questa luoco / Parli bene, parli poco» (Wer dies Haus betritt, spreche gut, spreche wenig). Der Kostenvoranschlag betrug rund 200 000 Franken, die Schlussabrechnung lautete 257 540.41 Franken. Nach der Bewilligung des Kredits durch den Grossen Rat konnte mit dem Bau begonnen werden, er war im Stil der florentinischen Renaissance gehalten. Nach zwei Jahren war er fertig, und am 15. September 1859 fand in festlichem Rahmen die Schlüsselübergabe statt, ein Gottesdienst im Münster hatte die Feier eingeleitet. Der Bau entsprach dem Projekt, einzig die Justitia-Gruppe auf dem durch Säulen betonten Mittelteil wurde nicht ausgeführt. — Vor Jahren lehnte das Basler Stimmvolk einen Neubau des Gerichtsgebäudes ab, doch eine umfassende Renovation drängt sich auf.

HANDELSBANK

Aus der Stellung Basels als Handels- und Verkehrsplatz sowie durch die Entfaltung der Industrie ergab sich in der Mitte des 19. Jahrhunderts ein rasches Aufkommen verschiedener Privatbanken. 1860 wurde die Handwerkerbank gegründet, zwei Jahre später die Basler Handelsbank, 1872 schlossen sich verschiedene Banken zum Bankverein zusammen. Der deutschfranzösische Krieg von 1870/71 begünstigte die Entwicklung, und viel Geld floss nach Schweizer Bankplätzen. 1876 konnte die Basler Börse eröffnet werden. — Die Bedeutung einer Bank zeigte sich auch jeweils an ihrem Gebäude. So zog 1864 die Handelsbank in den «Schilthof» (oder Thiersteinerhof) zwischen Freie Strasse und Steinenberg. Der Bau wurde 1840 bis 1842 an der Stelle eines stolzen Adelssitzes durch den Zimmermeister Johann Jakob Stehlin d. Ae. für den Stadtrat Johann Rudolf Forcart errichtet. Der Garten war einst im Besitz des alten Spitals. Durch eine Inschrift erfahren wir, dass damals 100 Backsteine 45 Batzen, ein Klafter Stein 24 Franken, ein Sester Kalk 5 Batzen, der Kubikfuss Tannenholz $7^{1}/_{2}$ Batzen, das Eichenholz 12 Batzen kosteten.

Der Schilthof mit seiner glücklichen Anlage des Rundbaus mit sechs korinthischen Wandsäulen und einer urnenbekrönten Balustrade bildet eine ausgesprochen gediegene Lösung. Als Vorbild diente vermutlich das Schloss Wilhelmshöhe bei Kassel. Das Gebäude war das erste Basler Wohnhaus im üppigen Pariser Stil seiner Zeit. In den fünfziger Jahren wurde darin ein vornehmes Café-Restaurant betrieben, bis sich dann die Handelsbank einrichtete. Sie war bestrebt, «den Gebietsrayon des Basler Bankenplatzes möglichst weit zu ziehen und jedenfalls über einen guten Teil der Schweiz auszudehnen», was ihr auch gelang. 1874 betrug der Reserve-Fonds 647 287.51 Franken, die

Depositen 662 287 Franken. Der Kassa-Verkehr belief sich auf ca 72½ Millionen Franken, der Gesamtverkehr in Soll und Haben bezifferte sich auf 361¾ Millionen Franken.

Nach dem Zweiten Weltkrieg erwarb der Schweizerische Bankverein die Bank, später diente das Gebäude der Schweizerischen Treuhand-Gesellschaft als Hauptsitz. Heute sind darin wiederum Büros des Bankvereins untergebracht. Wie einst der schlichte Äschen-Schwibbogen den Eingang zur Basler Hauptgeschäftsstrasse beherrschte, so bildet seit über 100 Jahren der Schilthof einen grossartigen, nicht alltäglichen Rahmen, der stets starke Beachtung findet.

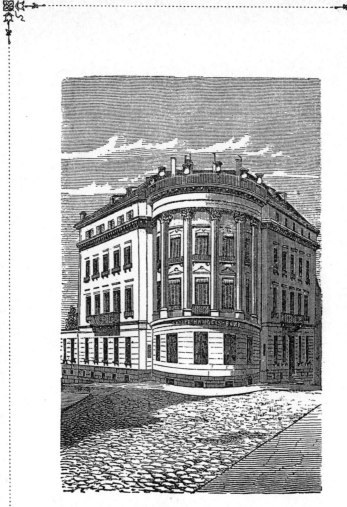

Banque du Commerce.

La Bâloise, Compagnie d'assurances.

VERSICHERUNGSGESELLSCHAFT

An vielen Häusern weit in der Schweiz herum ist ein kleines Täfelchen mit einem Baselstab und einem Basilisken angebracht. Es weist auf eine Versicherung, die in Basel ihren Sitz hat und von hier aus seit 1863 grosse Leistungen vollbringt.
Die Entwicklung der Wirtschaft und des Verkehrs im letzten Jahrhundert förderte auch den Auf- und Ausbau der Versicherungen. Sie erhielten bald im Wirtschaftsleben der Rheinstadt eine zentrale Bedeutung und stehen in engster Beziehung zu den Banken. Noch heute nimmt Basel im Bereich der Versicherungen eine Hauptstellung ein, der Name «Basel» blieb ein lebendiger Begriff. Und dies nicht nur in der Schweiz, sondern ebenso auf Madagaskar oder in Kanada. Die in der Elisabethenstrasse in einem schlichten, aber imposanten Bau domizilierte «Basler Versicherungs-Gesellschaft gegen Feuerschaden» ist die älteste der drei Basler Schwestergesellschaften der Versicherungsbranche. Ihre Gründung im Jahre 1863 entsprang dem Unternehmungsgeist von Persönlichkeiten, die unter dem Eindruck der gewaltigen Brandkatastrophe von Glarus am 10./11. Mai 1861 (deren Schäden von neun Millionen Franken kaum zur Hälfte durch Versicherungen gedeckt waren) im Interesse der allgemeinen Wohlfahrt mithelfen wollten, die Volksgemeinschaft in Zukunft vor den verheerenden Folgen ähnlicher Schicksalsschläge zu bewahren.
Die Startperiode verlief durch die schwerwiegende Konkurrenz staatlicher und staatlich privilegierter schweizerischer und ausländischer Anstalten und durch die hohe Zahl der Schadenfälle ungünstig. In den 70er Jahren aber begann der Aufstieg der Gesellschaft, deren Aktionsfeld bald Europa und die ganze Welt wurde. Bereits 1891 fasste sie in USA festen Fuss. Im 20. Jahrhundert kam es zur Gründung neuer Versicherungszweige, die

alle ein eindrückliches Beispiel des Erfolgs der privaten Initiative, des Unternehmungsgeistes und der Ausdauer der Basler und ihrer fortschrittlichen Tradition bilden.
1864 wurde die «Basler Transport-Versicherungsgesellschaft» gegründet und im folgenden Jahr die zweite Schwestergesellschaft, die «Basler Lebensversicherungsgesellschaft».

SPRINGBRUNNEN

Jahrelang bildete der heute so nüchterne Äschenplatz eine Basler Sehenswürdigkeit. Darüber ist in einem Fremdenführer der Zeit nach der Beschreibung der vortrefflichen Basler Wasserversorgung zu lesen: «Einen schlagenden Beweis für die gewaltige Wassermenge, welche andauernd dem Reservoir entnommen werden kann, gilt der schönste Brunnen, welchen Basel gegenwärtig besitzt, die grosse Fontaine am Äschenplatz. Wird der fünfzöllige Kaliber aufgeschraubt, so erreicht der Strahl, vom Boden des Platzes aus gerechnet, über 88 Fuss Höhe (rund 50 m).» Urheber dieses kleinen technischen Wunders war der bekannte Sohn eines Bürgermeisters, Architekt Johann Jakob Stehlin; er wollte 1866 dem weiten Platz etwas Eigenes geben. Sein Projekt bestand aus einem Wasserstrahl, der von einem eleganten, mit Steinen umsäumten Bassin in französischem Geschmack umschlossen war. Aus seiner Mitte erhoben sich schlanke Figuren, so eine Statue, drei Frösche und drei Basilisken in Bronze. Sie alle trugen eine grosse muschelartige Schale, aus der der mächtige Strahl emporstieg. Die Ausführung entsprach nicht dem Plan Stehlins, was diesen zu spöttischen Bemerkungen veranlasste: «Bei der Einweihung des Brunnens benetzte der vom sanften Westwind abgelenkte Strahl die hohen Behörden ausgiebig. Ohne Zweifel ist dieser Vorfall daran schuld, dass der Springbrunnen noch immer stiefmütterlich behandelt wird und der zugedachten Grösse und Form entbehren muss. Und doch ist dieser Strahl vielleicht der mächtigste in Europa. Wenn er bei vaterländischen Festen in seiner ganzen Fülle emporschiesst, so bietet die drei Meter dicke Wassersäule im bengalischen oder elektrischen Lichte mit ihren ewig wechselnden Formen einen geradezu überwältigenden Anblick, der die berühmten Fontaines lumineuses des Marsfeldes weit hinter sich lässt.»

Fontaine.

Seit seiner Errichtung im Jahre 1867 fand der Brunnen mit seiner Schale starke Beachtung. Das Bassin war eingerahmt von Tuffsteinen. Später kam der Wasserstrahl statt aus der Schale direkt aus dem Boden, und die Tuffsteine mussten einem Gitter, das eher an einen Raubtierkäfig mahnte, weichen. Am St. Jakobsfest des Jahres 1908 wurde das beleuchtete Schauspiel zum letzten Mal bestaunt. Ein für den Vorortsverkehr wichtiges Tramhäuschen nahm von nun an seinen Platz ein. Das Rattern und Kreischen vieler Tramwagen erfüllt nun anstelle des Wassergeplätschers den grossen Platz.

ST. JAKOBSDENKMAL

Das Gedächtnis an den heldenhaften Kampf der Eidgenossen gegen die Übermacht der Armagnaken vor den Mauern der Stadt am 26. August 1444 blieb in der Bürgerschaft Basels immer wach. Die Kapelle und die alten Siechenhäuser bei St. Jakob an der Birs mahnten die Vorübergehenden stets an das grosse Ereignis, an die Niederlage der Eidgenossen, die aber die Gegner so beeindruckte, dass sie ihren Vormarsch aufgaben und Frieden schlossen. In verschiedenen Chroniken und Beschreibungen wurde die Schlacht festgehalten und späteren Generationen überliefert. Wissenschaftliche Abhandlungen des 18. Jahrhunderts weckten das Interesse am Geschehen und seinen Folgen erneut. So äusserten manche Patrioten bald den Wunsch, den Helden von St. Jakob ein Denkmal zu setzen.
1824 wurde anstelle der früheren vermeintlichen Gedenkkapelle St. Katharina und des späteren Bannwarthäuschens bei der Abzweigung der Münchensteinerstrasse von der alten Landstrasse nach St. Jakob ein erstes Denkmal errichtet. Schöpfer des 12 m hohen schlanken neogotischen Türmchens war Marquard Wocher. Ein hoher Eisenhag umgab das Denkmal aus Sandstein, das bald teure Unterhaltsarbeiten bedingte. Die Behörden zogen schon 1859 einen Ersatz in Erwägung. Nach längeren Vorstudien wurde der in Rom lebende Basler Bildhauer Lukas Ferdinand Schlöth mit der Ausführung eines neuen, von der Bürgerschaft gestifteten St. Jakobs-Denkmals beauftragt. Sein Werk entspricht dem Pathos und der Heroisierung seiner Zeit, Aspekte, die damals noch als echt empfunden wurden. Am 26. August 1872 wurde es in einer eindrucksvollen Feier der Öffentlichkeit übergeben. Es erinnert an die Worte eines zeitgenössischen Berichtes, der aussagt, die Eidgenossen seien «unbesiegt, vom Siegen ermüdet» gestorben. Vier kämpfende Schweizer sind er-

Monument de St. Jacques.

mattet in die Knie gesunken und verteidigen sich. Auf dem wuchtigen Postament steht eine übergrosse Helvetia, die den Ruhmeskranz austeilt. Die Inschrift lautet: «Unsre Seelen Gott, unsre Leiber den Feinden.»
Das dahinterliegende Sommercasino stammt aus dem Jahre 1824; es ist ein schlichter Bau mit offener Säulenhalle und bildete lange Zeit einen geschätzten gesellschaftlichen Treffpunkt der Basler am Rande der Stadt.

SCHWEIZER BAHNHOF

Zu den stolzesten Bauten der Zeit um 1874 gehört der in den Jahren 1859—1861 errichtete Centralbahnhof. Als erster Bahnhof auf Schweizerboden entstand 1845 beim St. Johannstor das Stationsgebäude der am 15. Juli 1844 eröffneten Bahnlinie Mülhausen—St. Louis—Basel. Das erste Teilstück der Centralbahn bis Liestal wurde 1854 dem Verkehr übergeben. Das provisorische Abfertigungsgebäude stand an der Langen Gasse. Der Standort des definitiven Bahnhofs löste lange Diskussionen aus, wobei es vor allem um die Frage eines Kopfbahnhofes ging. 1857 entschloss sich der Rat zur Erstellung eines durchgehenden Bahnhofes auf dem Feld vor dem St. Elisabethen-Bollwerk. Mit dem Bau des Bahnhofes wurde nach den Plänen von Oberingenieur Rudolf Maring anfangs 1859 begonnen. «Er imponiert sowohl durch seine freie Lage, flankiert von geschmackvollen Neubauten, als durch die monumentale Haltung der Fassade.» Das vierteilige Bauprogramm umfasste einen Personenbahnhof, einen Güterbahnhof und zwei Remisenbahnhöfe. Hinter dem Aufnahmegebäude befanden sich «keine Luxus-Lokalitäten», es waren zwei Einsteighallen und die Restauration. Links waren die Wartsäle für die Centralbahn, rechts diejenigen der Französischen Ostbahn.

Der Saal des Neorenaissance-Gebäudes bestand aus Alpenkalk, die Front aus Berner Sandstein, die Säulen aus Solothurner Kalk. Für die beiden Figurengruppen auf den Flügelbauten wurde Pariser Sandstein verwendet, er gelangte als Block aufs Gebäude, wo ihn Fabrucci aus Florenz an Ort und Stelle behaute. Die Figuren zeigten links den Handel, rechts die Industrie. Über der Säulenhalle stellten Medaillons die Köpfe von Newton, Humboldt, Laplace und Euler dar. Die Turmuhren zeigten links die Schweizer und rechts die französische Zeit, die um eine halbe

Stunde vorging. Am 4. Juni 1860 wurde der Betrieb im neuen Bahnhof aufgenommen, täglich verkehrten bis 10 Personenzüge. Die Fahrzeit nach Liestal betrug 32 Minuten (heute 9 Minuten). Mit der Eröffnung des Centralbahnhofes vollzog sich ein entscheidender Schritt in der Baugeschichte Basels, denn jetzt entwickelte sich um den Bahnhof ein neues, durch ihn geprägtes Quartier. Zur Verbesserung der Verkehrsverbindung mit der Innenstadt mussten der Stadtgraben zwischen Äschentor und Steinentor aufgefüllt und das Äschenbollwerk beseitigt werden. Auf dem Abschnitt zwischen Äschenplatz und Centralbahnplatz entstand als neue parkartige Strasse der Äschengraben.

Das «vom architektonischen und betriebstechnischen Standpunkt aus weit und breit schönste und zweckdienlichste Monument einer Verkehrsepoche» erfüllte seinen Zweck nur wenige Jahrzehnte. Die Entwicklung verlief zu rasch. So musste ein neuer Bahnhof errichtet werden. Seine Schöpfer sind die Architekten Emil Faesch und Emanuel La Roche. Im Juni 1907 wurde er feierlich dem Betrieb übergeben. Seine äussere Gestaltung erinnert in vielem an den ersten Centralbahnhof.

Gare Suisse.

HOTEL SCHWEIZERHOF

An verschiedenen Plätzen und Strassenzügen des alten Basel standen Gasthöfe, deren Namen weitherum einen guten Klang hatten. Mit dem Niederlegen des mittelalterlichen Festungsgürtels und dem Auffüllen der Gräben erhielt die Stadt in der Mitte des 19. Jahrhunderts ein vollkommen neues Aussehen und Gepräge. Neue Quartiere entstanden ausserhalb der Tore, neue städtische Brennpunkte wurden geschaffen, an ihnen entwickelten sich neue Gaststätten und Hotels. Eine wichtige Funktion hatte der weite Platz vor dem 1860 eröffneten Centralbahnhof ausserhalb des abgetragenen Elisabethenbollwerks zu übernehmen. Er bildete eine Visitenkarte Basels, von ihm aus zogen die ankommenden Gäste ins Zentrum der Stadt, hier aber suchten sie auch gastliche Unterkunft.
Als erstes und ältestes Hotel ist dort in den Jahren 1862—1864 das Hotel Schweizerhof gebaut worden. Der Name zeigt deutlich, wie eng man sich mit der durch die Bahn nähergerückten Eidgenossenschaft verbunden fühlte; anderseits soll er den Fremden aus allen Ländern dokumentieren, dass sie hier in Basel erstmals Schweizerboden betreten. Die Initiative zum Bau eines erstklassigen Hotels am neuen Centralbahnplatz stammt von Emanuel Merian-Gerster, dessen Grossvater und Vater den Gasthof zum Bären an der Äschenvorstadt betrieben hatten. Ihm gehörte auch eine grosse Brauerei mit vielbesuchtem Biergarten vor dem Äschentor. 1863 verkaufte er die Brauerei, um den Hotelbau beim neuen Bahnhof zu erstellen. Als Architekten konnte er den bedeutendsten Basler Fachmann seiner Zeit, Johann Jakob Stehlin, gewinnen, dessen Bauten das Bild Basels jener Epoche prägten. 1864 war der Bau des «Gasthofs nebst Dependenz», samt Garten und Veranda, Stallung, Holz- und Waschhaus vollendet. Überall wurde das «elegante Gebäude»

Hôtel Schweizerhof.

gepriesen, besonders seine freie Lage und die Aussicht auf die neuen schönen Anlagen. Bereits im folgenden Jahr war der Bau zu klein geworden, so dass Erweiterungen nötig wurden. 1896 übernahm Ernst Jakob Goetzinger-Scherz den Betrieb, der u. a. folgende Räume umfasste: Speisesaal, Salon, Frühstückssaal, Rauchzimmer, Courierzimmer, Kellner-Speisesaal, Küche, drei Offices im Parterre und je eines in den drei Etagen, 63 Gästezimmer, davon eines mit Salon, Badezimmer, acht Zimmer für Portier, Kellner, Kutscher und Mägde, Kochzimmer, Waschhaus, Stall, Remise. Im Keller lagerten 1896 zehn Fässer mit einem Fassungsvermögen von 8746 Litern, sie standen damals zu 6 Franken pro hundert Liter zu Buch. Reich war die Ausstattung des Hauses mit Silberzeug, Geschirr und Wäsche. — In den folgenden Jahrzehnten wurde das Hotel immer wieder modernisiert. Noch heute wird es von Gliedern der Familie Goetzinger geleitet, es ist seiner Tradition treu geblieben und gehörte stets zu den Erstklass-Hotels Basels.

HOTEL EULER

Am Centralbahnplatz, der ersten Visitenkarte Basels für den ankommenden Reisenden, entstanden rasch verschiedene Gaststätten und Gasthöfe. Gegenüber dem seit 1862 bestehenden Hotel Schweizerhof kam es bald zum Bau eines weiteren Hotels ersten Ranges. 1865 erhielt Abraham Euler-Brunner gegen eine Gebühr von 8000 Franken die verlangte Tavernen-Konzession unter der Bedingung, dass weder Omnibusse nach andere Fuhrwerke vor dem Neubau aufgestellt würden. Parksorgen am Bahnhof gab es also schon damals.
Zwei Jahre später war das Hotel mit seinen 70 Zimmern und Salons bezugsbereit, diese waren elegant und mit allem Komfort versehen. Rauch- und Lesesalons mit deutschen, französischen und englischen Journalen luden zum Verweilen ein. Im Rez-de-chaussée war ein Café eingerichtet. Über dem Eingang prangte das Wappen der Euler. Die nahen warmen Bäder bei Meyer-Ritter an der Elisabethenstrasse wurden in den Hotelprospekten besonders erwähnt.
Wie dem Reisehandbuch des Jahres 1875 zu entnehmen ist, lauteten die Preise damals wie folgt: Zimmer 2 bis 3 Franken, ein Mittagessen 3.50 bis 4.50 Franken, Frühstück 1.50 Franken, Licht und Bedienung 1.25 Franken, Omnibus zum Badischen Bahnhof 1 Franken.
Einen besonderen Akzent erhielt die Elisabethenanlage beim Hotel Euler im Jahre 1895. Damals wurde das Strassburger-Denkmal aufgerichtet. Es erinnert an die Frauen, Greise und Kinder aus Strassburg, die 1870 bei der Belagerung der elsässischen Hauptstadt in Basel und in anderen Gebieten der Schweiz Aufnahme fanden. Der Strassburger Baron Hervé de Gruyère stiftete das Werk, das der berühmte Elsässer Bildhauer Friedrich August Bartholdi, der Schöpfer der Freiheitsstatue in New

York, geschaffen hat. Die grosse Marmorgruppe zeigt eine schildhaltende Helvetia und einen Engel, die eine Strassburgerin und ihre Kinder beschirmen. Am Porphyr-Sockel befinden sich vier Bronzetafeln mit Inschriften und den beiden Reliefs: Empfang der Schweizer Delegation in Strassburg, 1870, und Fahrt der Zürcher Schützen mit dem warmen Hirsebrei nach Strassburg, 1576. Dieses Monument dokumentiert deutlich die engen vielseitigen Beziehungen der Stadt Basel zum Elsass, und es verleiht dem Centralbahnplatz noch heute einen starken Akzent.

Hôtel Euler.

BADISCHER BAHNHOF

Am 7. Juni 1862 begann ein neuer Abschnitt in den Beziehungen Basels zum nördlichen Nachbarn, der definitive Badische Bahnhof konnte seiner Bestimmung übergeben werden. Die Rheinstadt war mit verschiedenen Linien an das deutsche Bahnnetz angeschlossen. Nach der Eröffnung der Linie Haltingen—Basel, nahm 1862 die Wiesentalbahn zwischen Basel und Schopfheim den Betrieb auf. Zur glanzvollen Einweihungsfeier am 5. Juni waren Grossherzog Friedrich I. von Baden und der Schweizer Bundespräsident Stämpfli geladen. Zum Empfang im Badischen Bahnhof in Basel waren zwei Kompagnien mit Bataillonsspiel aufgeboten. — Für das Wiesental war der Bau der Bahn wichtig, denn dadurch konnte der örtlichen Industrie erneut Aufschwung verliehen werden. Da die ansässigen Textilfabriken meist im Besitz von Baslern waren, setzten sich diese für die Ausführung eines entsprechenden Planes ein und sorgten für die finanziellen Mittel. Die Spekulation der Gründer erwies sich als zutreffend, das Wiesental wurde dadurch erschlossen, ohne seine landschaftlichen Reize zu verlieren.

Angelpunkt des ganzen Verkehrs mit Baden war der Badische Bahnhof, der aufgrund verschiedener Abmachungen zwischen den beiden Staaten erstellt wurde. Als Bauplatz diente ein Areal ausserhalb der früheren Kleinbasler Umfassungsmauer auf dem Gebiet der heutigen Hallen 1—2 der Schweizer Mustermesse. Obwohl das Aufnahmegebäude bei der Eröffnung des regelmässigen Bahnbetriebes zwischen Freiburg-Haltingen-Basel am 20. Februar 1855 nur notdürftig fertiggestellt war, hat es «mit seinem schweizerischen und badischen Farbenschmuck einen recht festlichen Eindruck» gemacht. Bereits ein Jahr später kam die Linie Basel—Säckingen noch dazu. Als Verbindung vom Bahnhof zur Rheinbrücke wurde die 18 Meter breite Clara-

Gare Badoise.

strasse erstellt, wofür vor allem das Clarabollwerk abgetragen werden musste. Nach langem Hin und Her erfolgte im Mai 1859 aufgrund der Pläne von Baurat Josef Berckmüller die Grundsteinlegung zum Hauptgebäude des Bahnhofes, der dann nach drei Jahren vollendet war. Zum eigentlichen Bahnhofareal gehörten noch 18 grössere und kleinere Bauten, darunter 5 Wohnhäuser. Über die Zollabfertigung wurden die Reisenden in einem damaligen Führer wie folgt orientiert: «Auf diesem Bahnhofe, der noch auf Schweizergebiet liegt, besteht der Grenz-Zoll-Verhältnisse halber die Einrichtung: dass man mit Betreten des Gebäudes auf deutsches Zollvereinsgebiet kommt, also seine Effekten für den Eintritt nach Deutschland schon hier visitieren lassen muss, was indessen sehr coulant und ohne jede kleinigkeitskrämerische Wichtigthuerei geschieht.» An der Ecke Bahnhofstrasse/Clarastrasse trafen sich manch Verabredete, sie mussten dort oft aufeinander warten. Die Stelle hiess daher «Warteck», ein Begriff, der dann aufs dahinterliegende Haus und auf die dazugehörende Brauerei überging.

Der Verkehr von und nach Deutschland nahm rasch zu, das Kleinbasel dehnte sich ebenfalls weiter aus, und der Bahnhof litt bald unter Platzmangel. So waren Umbauten und Neubauten erforderlich. 1875 wurde das Aufnahmegebäude vergrössert, doch kam es rasch zum Bau eines neuen, von der Stadt weiter entfernten Bahnhofs. Am 11. September 1913 konnte der neue, heutige Bahnhof an der Schwarzwaldallee, der grösste Auslandbahnhof der Welt, eröffnet werden. Das Areal des alten Bahnhofs übernahm der Staat; hier entstanden nach 1917 die ersten Hallen der damals gegründeten Schweizer Mustermesse. Noch lange Zeit blieben einzelne Gebäude des Bahnhofs stehen, bis auch sie den Erweiterungsbauten der Messe weichen mussten.

Heute erinnern noch die zahlreichen Hotels und Gaststätten am breiten mit Bäumen bepflanzen Riehenring an ihre Funktion direkt vor dem Eingang des Badischen Bahnhofs.

DER STADTPLAN VON 1874

Der von A. Huber gravierte, von M. Fahrner lithographisch gedruckte und vom Verleger G. Bachmann herausgegebene Basler Stadtplan von 1874 ist nicht ganz dreissig Jahre jünger als der berühmte, im Stil Matthäus Merians geschaffene Vogelschauplan der Stadt Basel, den der Maler und Kunsthändler Johann Friedrich Mähly 1845 aufnahm. Zeigte aber jene minutiös gezeichnete und aquarellierte Ansicht noch eine Kleinstadt von weitgehend mittelalterlichem Gepräge, so tritt Basel auf dem Plan Bachmanns bereits als grossflächiges, von zahlreichen Verkehrswegen gut erschlossenes Gemeinwesen in Erscheinung. Die Mauern, die auf dem Plan Mählys noch beherrschend wirkten und sogar den ersten Bahnhof der 1844 eröffneten Elsässer Bahn wehrhaft umschlossen, sind inzwischen bis auf ganz wenige Reste gefallen.
Der Vergleich mit dem modernen Stadtplan von 1974 zeigt das in hundert Jahren erfolgte enorme Wachstum der bebauten Stadtfläche, andererseits aber doch auch die im grossen Ganzen intakt gebliebene Stadtanlage. Wohl sind Bahnen und Durchfahrtsstrassen heute zum guten Teil anders gelegt als 1874, sind zahlreiche Rheinbrücken seither in den Verkehr gekommen (und im Fall der St. Albanbrücke auch schon wieder aus dem Verkehr genommen worden). Wohl hat sich seit 1895 ein dichtes Strassenbahnnetz entwickelt und ist die alte Rheinschiffahrt in moderner Form auferstanden. Das Stadtbild aber hat zum Glück nicht durch Kriegszerstörung oder andere Einwirkungen seinen Grundcharakter verloren. Möge es auch in den kommenden hundert Jahren so bleiben!